SEE
LICHTUNG
WALD
WASSER-
FALL
TERRA
(ROTE ERDE)
LOCH IM
FELS & BAUM
CHT
CHULE IM
FELS
STRAND
EISDIELE

AF628334

BRITTA SABBAG

DIE DINOSCHULE

Auf die Lehrer, fertig, los!

Mit Illustrationen von Clara Vath

SCHNEIDERBUCH

Bisher bei Schneiderbuch erschienen:

Die Dinoschule – Betreten für Eltern verboten! (Band 1)
Die Dinoschule – Rettet Sauritius! (Band 2)
Die Dinoschule – Findet das Flugungeheuer! (Band 3)
Die Dinoschule – Achtung, Vulkanausbruch! (Band 4)
Die Dinoschule – Flucht vor dem Hurrikan! (Band 5)
Die Dinoschule – Auf die Lehrer, fertig, los! (Band 6)

1. Auflage 2024
Originalausgabe

Einband und Illustrationen: Clara Vath
Gesetzt aus der Kievit
von Achim Münster, Overath
Druck und Bindung: Grafisches Centrum Cuno, Calbe
Printed in Germany · ISBN 978-3-505-15199-6

www.schneiderbuch.de
Facebook: facebook.de/schneiderbuch
Instagram: @schneiderbuchverlag

Manchmal müssen wir Dinge selbst
in die Hand nehmen, auch wenn sie uns auf den
ersten Blick zu groß erscheinen.

B.S.

INHALT

KAPITEL 1

DIE DURCHSAGE

Der Tag in der Dinoschule begann wie immer: Das Frühstück wurde in der Kantine eingenommen, in der sich die Kinder zwischen zwei Möglichkeiten entscheiden konnten. Heute gab es entweder belegte Brote oder einen Obstsalat mit Joghurt. Manchmal war die Auswahl etwas größer: Dann konnten die Schülerinnen und Schüler der Reptilia-Schule auch Müsli wählen und warmen, süßen Haferbrei, den besonders Freddy gerne mochte.

»Heute achte ich auf meine Ernährung«, tönte dieser gerade laut.

Onea und Tom sahen auf sein Holztablett.

»Und da hast du dir einfach beide Essen ausgesucht?«, fragte Onea.

Freddy nickte. »Klar. So bekomme ich alle Vitamine, die ich kriegen kann!«

Tom grinste. »Klingt fast logisch.«

Nachdem sie ihre Teller abgeräumt hatten, gingen die vier in ihre Klasse.

Die erste Stunde begann mit Wissenschaft. Das war Oneas liebstes Fach, denn ihr Forschergeist stand niemals still. Später wollte sie sogar selbst einmal Forscherin auf der Insel werden, hatte sie entschieden. Im Gegensatz zu Tom, dessen Ziel es war, ein T-Rex-Reiter und damit eine Legende auf Sauritius zu sein, so wie es vor ihm schon Jack Sattle geschafft hatte. Nur Freddy waren die Gefahren hier meist zu groß. Andererseits bildete er mit Tom und Onea ein unschlagbares Trio. Zusammen würden sie alles schaffen – das hatten sie in den letzten Monaten bewiesen.

Doch bevor der Unterricht zum Thema *Neuentdeckung von pflanzenfressenden Sauropoden* beginnen konnte, ertönte ein Gong. Er kam aus einer Box, die oberhalb der Klassentür angebracht war, und kündigte immer eine Unterbrechung des Unterrichts an. Meistens folgte darauf eine

Durchsage. So auch heute: *»Alle Kinder bitte in die Aula, in die Aula bitte!«*

Die Stimme der Direktorin hallte durch die felsige Schule. Es hatte lange keinen solchen Aufruf mehr gegeben. Tom, Onea und Freddy wunderten sich: Was war wohl der Grund dafür?

»Sicher irgendeine Naturkatastrophe. Oder ein Monster. Oder beides.« Freddy sagte das mit einer Gelassenheit, als würde er vom Stundenplan sprechen.

»Du hast dich langsam an die Insel gewöhnt, hm?« Tom grinste.

Freddy zuckte mit den Schultern. »Was soll ich machen, mir bleibt ja nichts anderes übrig.«

Onea lachte. »Gib's zu, wenn es nicht so wäre, würde dir etwas fehlen!«

Die drei Kinder drängten sich mit den Schülern aus den anderen Klassen durch die langen Flure. Niemand schien zu wissen, warum sie sich versammeln sollten.

Ab und zu hörte man ein fragendes »Um was es wohl geht?« oder ein gemurmeltes »O Mann! Warum ausgerechnet vor dem Bio-Unterricht? Ich hatte mich schon so auf die Froscheier gefreut!«.

Onea grübelte ebenfalls. »Was ist nur passiert? Draußen ist alles ruhig. Es ist kein Unwetter angesagt und auch sonst nichts Auffälliges gemeldet.«

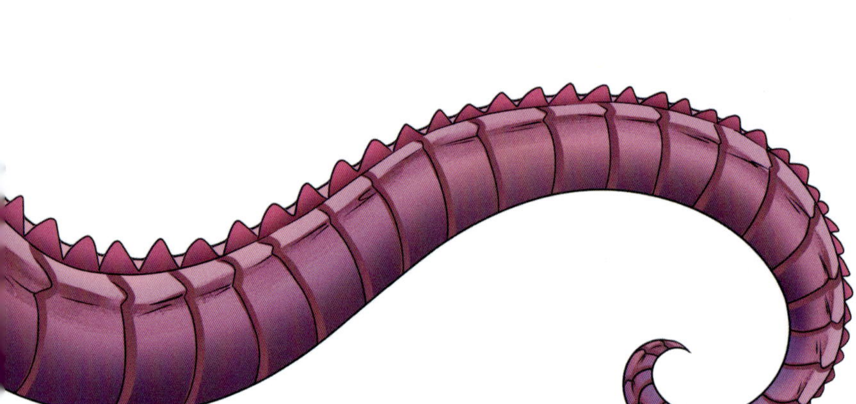

»Du weißt vielleicht auch nicht immer alles«, neckte sie Tom. »Auch wenn du das denkst!«

»Tu ich ja gar nicht«, sagte Onea und lächelte dann. »Obwohl ich schon gerne recht habe. Und es meistens ja auch so ist.«

Tom verdrehte die Augen. »Ja, ja.«

Nachdem die Kinder sich in der Aula versammelt hatten, entdeckten sie die Direktorin, die ganz vorne stand und ein Mikro in der Hand hielt.

»Die Direx sieht nicht besonders glücklich aus«, bemerkte Onea. »Das ist kein gutes Zeichen.«

Freddy seufzte. »Ich wusste es.«

»Liebe Kinder«, begann die Direktorin. »Ich habe euch heute zusammengerufen, weil wir leider keine guten Nachrichten für euch haben.«

»Oh, oh!«, machte eines der anwesenden Kinder, dann waren alle still.

»Wir haben einfach zu wenig Lehrer hier an der Reptilia-Schule. Gestern musste unser wichtiger Gefährten-Lehrer Spike wegen seiner Lungenentzündung zur Behandlung auf das Festland gebracht werden. Unser Geschichtslehrer geht in seinen wohlverdienten Ruhestand. Und Doc Ponti hat sich heute Morgen krankgemeldet, weil ein fieses Virus ihn erwischt hat. Uns fehlen also zwei ganze Lehrkräfte, eigentlich im Moment sogar drei. So können wir keinen Unterricht mehr gewährleisten.«

»Was soll das heißen?«, rief Tom laut.

»Ja, was bedeutet das denn für uns?«, fragte jemand anderes.

»Haben wir jetzt frei?«, wollte ein Mädchen aus der sechsten Klasse wissen. »Das ist doch cool!«

Die Direktorin schüttelte den Kopf. »Nein, es gibt natürlich eine Schulpflicht. Momentan werden allerdings vom Land leider insgesamt zu wenig Lehrer bereitgestellt. Dazu kommt unsere Geheimhaltungsverpflichtung. Das macht es noch schwerer, in einer solchen Situation wie jetzt schnell Ersatz zu finden. Und wenn die Reptilia-Schule den Unterricht nicht mehr alleine stemmen kann, muss eine andere Lösung her.«

»Welche?«, fragte Onea, in deren Bauch es zu grummeln begann.

»Ihr müsst leider kurzfristig in die Schulen auf dem Festland verteilt werden. So leid es mir tut, euch von euren Eltern zu trennen. Aber Schule ist nun mal keine freiwillige Veranstaltung. Sobald es hier wieder besser wird, holen wir euch natürlich zurück.«

»Wann?«, fragte jemand.

»Das weiß ich nicht genau«, sagte die Direktorin und blickte entschuldigend in die enttäuschten Kinderaugen. »In ein paar Wochen vielleicht, vielleicht aber auch erst in einigen Monaten.«

Tom sah Onea und Freddy an. »Weg hier? Aufs Festland? Auf keinen Fall!«

Auch Freddy schüttelte den Kopf. »Jetzt, wo ich mich gerade eingelebt habe. Ich meine, das Festland ist vielleicht monsterlos, aber da ist es lange nicht so spannend wie hier!«

»Ich muss euch leider auch sagen, dass eure Klassen nicht wie bisher bestehen bleiben können. Ich kläre gerade noch die letzten Details, aber ihr werdet dann so untergebracht, wie es in den Schulen auf dem Festland möglich ist. Das heißt, ihr könnt euch nicht aussuchen, wer mit wem in eine neue Klasse kommt. Aber das alles ist ja wirklich nur für den Übergang der Fall.«

»Pfff!« Onea stieß die Luft aus, die sie angehalten hatte. »Das wird ja immer besser. Ohne euch zwei Nervensägen komme ich vor Langeweile doch um!«

»Okay«, sagte Tom und krempelte seine Ärmel hoch. »Wir machen das nicht mit. Was tun wir also?«

Freddy kicherte. »Wir backen uns einfach neue Lehrer, haha!«

Onea schnippte mit den Fingern. »Freddy, du bist genial!«

»Das hat mir noch nie jemand gesagt!«, freute Freddy sich.

»Und was soll das heißen?«, fragte Tom.

»Ganz einfach«, antwortete Onea. »Wir sorgen dafür, dass neue Lehrer auf die Insel kommen.« Verschwörerisch blinzelte sie ihren beiden Freunden zu. »Natürlich müssen wir ihnen erst mal verheimlichen, dass es hier Dinos gibt!«

»Nichts leichter als das«, seufzte Freddy.

»Was denn?« Onea grinste ihren Freund an. »Das hier hat immerhin mal nichts mit einer Naturkatastrophe oder einem fleischfressenden Monster zu tun!«

»Ein Monster wäre wahrscheinlich die leichtere Aufgabe«, sagte Freddy, und Tom und Onea lachten.

KAPITEL 2

DER PLAN

Wie immer, wenn Tom, Onea und Freddy einen Plan hatten, klang der erst einmal gut. Zumindest, wenn man ihn im Kopf durchging. Die Kinder hatten vorerst freie Lernzeit verordnet bekommen, solange noch nicht klar war, wer auf welche Schule auf dem Festland verteilt würde. Die meisten der Schüler freuten sich über die unverhoffte Freizeit – nicht so Tom, Onea und Freddy. Sie nutzten die gewonnene Zeit, um weiter an ihrem Plan zu feilen, und hatten sich dafür in Toms und Freddys Zimmer zurückgezogen.

»Wir machen eine Liste«, schlug Onea vor. »Mit allem, was wir brauchen.«

»Klingt gut!« Tom holte ein Blatt Papier aus seiner Schreibtischschublade. Dann legte er einen Bleistift daneben. »Meine Schrift ist nicht besonders gut lesbar«, sagte er. »Schreib du besser.«

»Sehe ich gar nicht ein«, gab Onea zurück. »Ich bin schon der Mastermind dieser Aktion. Wieso sollte ich auch noch schreiben?«

»Ist ja schon gut!« Freddy stöhnte. »Ich schreibe.«

»Man sagt ja immer, Drei ist keine gute Zahl wenn's um Freundschaften geht, weil dann immer einer zu viel ist. Das sehe ich überhaupt nicht so«, sagte Onea zufrieden.

Und es stimmte: Jeder von ihnen fand immer wieder seine Aufgabe – egal, was sie taten. Jeder der drei hatte eigene Stärken und Schwächen. Und zusammen ergänzten sie einander perfekt.

»Also ... wir brauchen ...«, begann Freddy, laut beim Schreiben mitzulesen, »einen Laptop.«

»Einen Laptop?«

Tom und Onea sahen sich an. »Wo sollen wir den denn herkriegen?«

»Na, ganz einfach, aus dem Unterricht.«

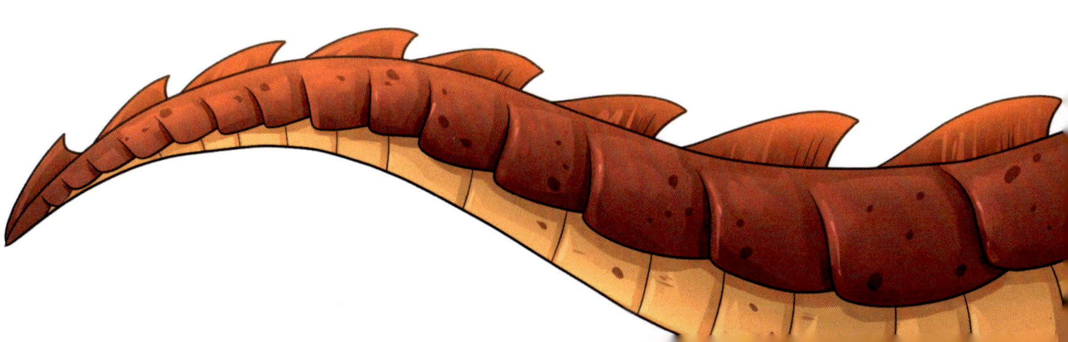

»Du willst einen Laptop klauen?«, fragte Onea mit hochgezogenen Augenbrauen.

»Ausleihen«, korrigierte Freddy sie. »Wie willst du sonst an neue Lehrer kommen? Und irgendwie müssen wir uns die Lehrer ja anschauen, bevor sie herkommen. Wir veranstalten einfach eine Art Casting, wie bei Musik-Shows. Eine Vorauswahl. Aber eben als Video-Konferenz. Und erst danach laden wir sie hierher ein.«

»Hm«, machte Onea, »das klingt gut.«

»Wenn sich Lehrer bewerben sollen, dann müssen wir eine Ausschreibung machen«, spann Tom Freddys Idee weiter. »Nur, wie vermeiden wir, dass die Direx Wissler davon Wind bekommt?«

»Wir müssen eben in der Ausschreibung strenge Geheimhaltung als Voraussetzung angeben«, antwortete Onea. »Und wir brauchen eine E-Mail-Adresse dafür.«

»Ich habe eine«, sagte Freddy lässig.

»Echt?«, fragte Tom, der selbst noch keine besaß.

»Ja, ich habe mir darüber oft die saftigen Knusperstreusel-Donuts von Golden Do's bestellt. Die gibt's hier ja leider nicht. Da ist sogar die Kreditkarte meines Vaters hinterlegt.«

»Hmmm«, machte Onea noch einmal. »Das ist perfekt.«

»Warum?«, fragte Freddy. »Du meinst, Donuts helfen, um Lehrer hierherzulocken? Also, ich würde darauf anspringen.«

»Ich weiß.« Onea lachte. »Aber ich meinte eher was anderes. Wenn wir eine Ausschreibung im Internet machen wollen, kostet das vielleicht Geld. Und das wird online überwiesen. Deswegen ist das mit der Karte deines Vaters ganz praktisch.«

»Super«, seufzte Tom. »Gerade warst du noch schockiert, als Freddy einen Laptop klauen wollte, und jetzt redest du schon von Kreditkartenbetrug.«

»Ausleihe«, verbesserte Onea ihn.

»Ich bestelle einfach keine Packung saftige Knusperstreusel-Donuts diesen Monat«, erklärte Freddy. »Dann haben wir die Ausgabe wieder drin. Mein Vater hat mir eine im Monat erlaubt.«

»Die Logik von Schwerverbrechern«, murmelte Tom.

Onea und Freddy sahen ihn überrascht an. »Seit wann bist du denn unser Moralapostel?«

Tom grinste. »Das ist euer schlechter Einfluss auf mich.«

»Eher der gute«, sagte Onea und grinste zurück. »Und was mich betrifft: Früher oder später muss man eben einsehen, dass ein gutes Gewissen auf einer Dino-Insel nicht immer etwas bringt.«

Freddy und Tom nickten. »Wir haben uns alle ganz schön verändert.«

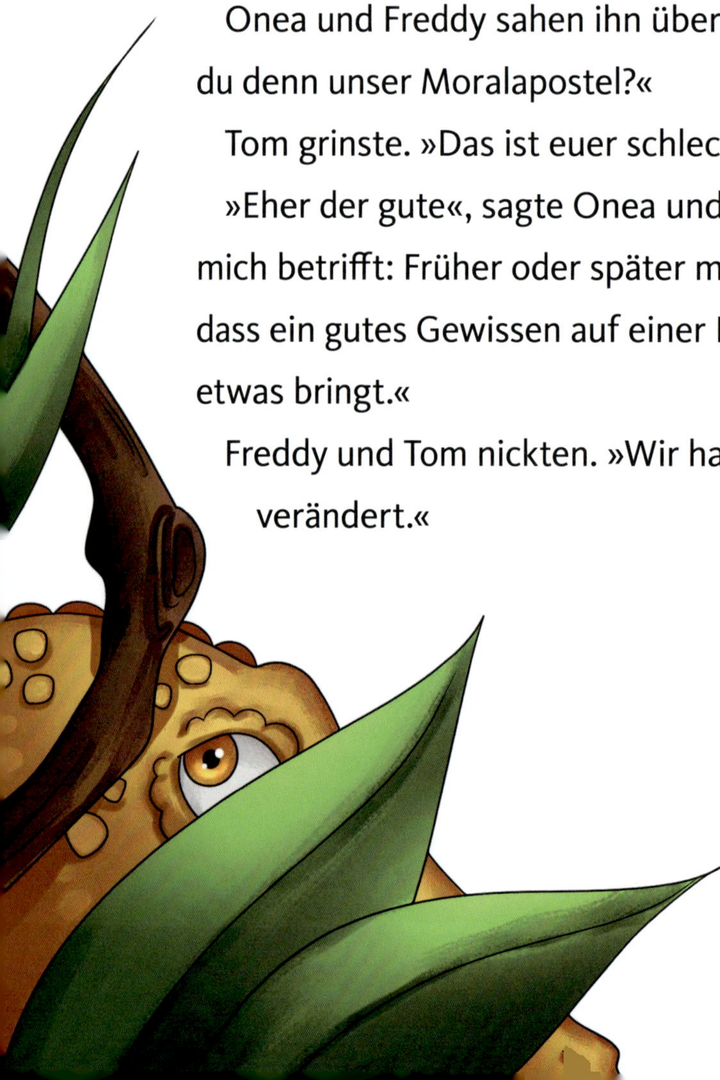

An einen Laptop zu kommen war gar nicht so einfach. Bestimmt standen überall im Lehrerzimmer welche herum – aber keiner von den dreien wusste, welcher Laptop zu welchem Lehrer gehörte und vermisst werden würde.

»Ich habe eine Idee«, sagte Onea nach einer Weile. »Wir gucken uns einfach alle an und schließen dann aufgrund der Hinweise darauf, wem welcher Laptop gehört.« Sie machte ein ernstes Gesicht. »So würde es Sherlock Holmes tun.«

»Was für Hinweise?«, fragte Tom.

»Na ja, Bildschirmschoner, Aufkleber ... so etwas«, antwortete Onea.

Freddy nickte. »Also, ich hätte einen Donut als Hintergrund. Oder eine Donutpyramide. Oder eine Insel aus Donuts ...«

»Das wissen wir!« Onea und Tom lachten. »Deinen Laptop zu finden, wäre einfach.«

Onea seufzte. »Aber den suchen wir ja nicht. Doc Ponti ist krank, also versuchen wir es mit seinem.«

Der Plan stand – jetzt musste nur noch der richtige Zeitpunkt kommen. Und der war am Nachmittag, wenn die Lehrer das Schulgebäude verließen.

»Was machen wir mit der Tür?«, fragte Tom. »Wenn die abgeschlossen ist, kommen wir nicht rein!«

»Kein Problem!« Freddy zog seine Platin-Deluxe-Donut-Punktekarte hervor. »Erinnerst du dich? Wir haben es schon mal geschafft.«

Tom grinste. »Ich hätte nie gedacht, wozu eine Donutvorliebe so alles gut ist.«

Direkt nach Schulschluss positionierten die drei sich an der Ecke vor dem Lehrerzimmer.

»Die Luft ist rein!«, flüsterte Onea.

»Das sagt man doch so nicht mehr«, motzte Freddy leise. »Wir müssen Code-Wörter benutzen, falls jemand uns hört. Donut eins an Donut zwei: Die Donut-Mission startet. Oder so was in der Art!«

Onea seufzte. »Donut eins an Donut zwei? Ich fasse es nicht!«

»In jedem Fall sieht es gut aus. Kein Lehrer mehr weit und breit zu sehen«, sagte Tom. »Also los!«

»Donut eins auf dem Weg!«, murmelte Freddy leise, aber bestimmt.

Onea und Tom schlichen vor. Dann winkten sie Freddy zu sich.

»Und jetzt dein Kartentrick!«

Freddy zog seine Punktekarte von Dicky Donut, die aussah wie eine normale Kreditkarte, durch den Türschlitz. Auf der Höhe des Schlosses blieb sie stecken.

»Achtung!«, flüsterte Onea, »Schritte!«

Es waren wirklich Schritte zu hören. Die Kinder versteckten sich sofort wieder im Seitengang.

»Mist, die Karte hängt noch da fest!«, sagte Freddy erschrocken.

»O Mann, wenn die einer sieht ...«

Mit angehaltenem Atem warteten die Kinder ab, bis die Schritte verklangen.

»Okay, weiter geht's!«

Freddy atmete auf. »Donut eins an Donut zwei und drei: Die Karte steckt noch!«

Onea grinste. »Ist ja schon gut. Ich bin froh, dass sie nicht bemerkt wurde.«

Wieder schob Freddy die Karte vorsichtig zwischen Türrand und Schloss hin und her. Immer ein paar Millimeter hoch, dann wieder nach unten.

»Ich hab's gleich!«

Erneut hörten sie Schritte.

»Schneller!«, flüsterte Onea.

»Jaja ...«, murmelte Freddy.

Die Schritte kamen näher.

»Los ...!«

Tom spürte, wie sein Herz pochte. »Schneller, Freddy!«

Die Schritte waren jetzt so nah, dass die dazugehörige Person jeden Moment um die Ecke biegen würde.

»Freddy!«, flüsterte Onea mit weit aufgerissenen Augen. Es war zu spät, sich zu verstecken.

In letzter Sekunde sprang die Tür auf, und die drei verschwanden im Zimmer. Behutsam schob Tom die Tür zu, sodass kein Schließgeräusch sie verriet.

»Puh!«, machte er und lehnte sich mit dem Rücken an die Wand des Lehrerzimmers. »Noch mal Glück gehabt!«

Die einzelnen Laptops waren wirklich sehr unterschiedlich: Einige hatten Bildschirmschoner mit Sandstränden, zwei waren ganz ausgestellt, auf einem war ein Bildschirmschoner mit Hundewelpen zu sehen.

»Das ist nicht der von Doc Ponti«, sagte Onea. »Er hat einmal erzählt, dass er eine Hundehaarallergie hat.«

»Super, Sherlock«, neckte Tom sie. »Und welcher davon ist es dann?«

Onea entdeckte einen Computer, auf dem kleine Dinoknochen-Sticker klebten. Sie sah sich den Laptop genauer an. »Hier, seht mal! Ein Bildschirmschoner mit Fossilien!«

Freddy nickte. »Jackpot! Das kann nur der von Doc Ponti sein! Alle anderen haben Blumen, Strände, Welpen und ihre Familien drauf.«

»Das nennt sich Ausschlussprinzip«, sagte Tom. »Ich weiß.«

»Okay, Sherlock!«, neckte Onea ihn zurück. »Und welches Passwort benutzt er?«

Tom tippte auf die Tastatur. Sofort verschwand der Schoner, und der Bildschirm leuchtete auf. »Keins!«

»Heutzutage ganz schön gefährlich!«, bemerkte Freddy.

»Na ja, wer denkt schon daran, dass Donut eins bis drei hier einbrechen!«, sagte Onea und wirkte dabei ein bisschen schuldbewusst.

»Wir sind nicht eingebrochen«, sagte Freddy. »Wir haben nur eine zeitweilige Verfügung der Tür erwirkt, und das mit ganz harmlosen Mitteln!«

Onea und Tom sahen ihren Freund erstaunt an.

»Na, dann los!«

Mit dem Laptop unter dem Arm liefen sie wenig später zufrieden zum Zimmer der Jungen.

Nach einer kurzen Suche hatten die Kinder zwei passende Berufsportale gefunden, in denen man Lehrer-Jobs anbieten oder suchen konnte. Es waren hauptsächlich Privatschulen, die dort Stellen anboten. Alles hörte sich sehr professionell an und schüchterte die drei ein wenig ein.

»Wie setzen wir uns von allen anderen Angeboten ab?«, fragte Tom.

Freddy überlegte kurz. »Ganz einfach, wir sagen es, wie es ist: Kommt auf die außergewöhnlichste Schule der Welt! Warum sie so besonders ist, müssen wir ja nicht dazuschreiben. Also, nicht ganz genau zumindest.«

Onea nickte. »Es stimmt. So etwas wie die Reptilia-Schule gibt es nirgendwo auf der Welt, da hat Freddy recht. Das müssen wir hervorheben.«

»Okay.« Tom nickte. »Auf die Lehrer ...«

»... fertig ...«, ergänzte Freddy.

Und Onea gab das Startzeichen. »... los!«

Freddy begann zu schreiben. Immer mal wieder warf einer von ihnen einen Gedanken in die Runde.

»Es muss ein superguter Lehrer sein. Oder eine supergute Lehrerin!«

»Spaß ist wichtig!«

»Ja, Freude am Unterrichten!«

»Und Lust auf Abenteuer!«

»Wir sollten das Meer nicht vergessen!«

»Arbeit wie Urlaub?«

»Genau!«

»Sie müssen Kinder mögen!«

»Ja!«

»Und Tiere!«

»Nein!«

»Lieber nicht von Tieren sprechen!«

»Besondere Schule!«

»Strand!«

»Ja!«

»Oder?«

»Und wenn man keinen Sand mag?«

»Wer mag denn keinen Sand?«

»Nicht in den Schuhen!«

»Oaaaah!«

»Was denn?«

»So nicht!«

»Leg den Fokus auf das Gute!«

»Den was?«

»Vergiss es ...«

»Oaaaah!«

So ging es eine Weile hin und her.

Irgendwann drehte Freddy den Laptop zu Tom und Onea um.

»Fertig!«, sagte er.

Dort stand:

Du bist supergerne Lehrer oder Lehrerin?
Du hast Spaß daran, dich mit Kindern
zu beschäftigen? Dann komm auf die
außergewöhnlichste Schule der Welt!
Umgeben vom Meer, erwarten dich auf
einer der schönsten Inseln der Welt:
Sonnenschein, Strand und viel Abenteuer!
Arbeiten, wo andere Urlaub machen,
das geht nur hier!
Bewerbungen an Kotzlarotz@web.de

»Richtig cool«, sagte Onea, »ich wusste gar nicht, dass du so ein Schreibtalent bist. Gerade das mit dem Abenteuer passt genau. Aber warte mal ...«

Auch Tom stutzte. »Was ist das denn für eine E-Mail-Adresse?«

»Meine«, sagte Freddy.

Onea sah entsetzt auf. »Das ist jetzt nicht dein Ernst?!«

»Leute, die war nur zur Donut-Bestellung da! Sorry, dass ich nicht daran gedacht habe, dass ich die mal brauche, um Lehrer auf eine Dinosaurier-Insel zu locken!«

Onea schmunzelte. »Professionell sieht anders aus.«

»Wir nehmen, was wir kriegen können«, entschied Tom. »Oder will einer von euch in eine Schule auf dem Festland?«

Stille.

»Alles klar.«

Und so war es beschlossene Sache.

KAPITEL 3

DIE SUCHE

Nachdem die Ausschreibung hochgeladen war, saßen die drei gespannt vor dem Bildschirm.

Es passierte: rein gar nichts.

»Klick mal auf *Aktualisieren*«, sagte Onea. Freddy klickte mit der Computermaus auf den entsprechenden Button.

»Null Aufrufe«, sagte Onea enttäuscht.

»Oh na ja ... hm ...«, seufzte Freddy etwas ratlos.

»So schnell geht das eben nicht«, vermutete Tom.

»Als ob du es mit der Geduld hättest«, spottete Onea.

Freddy sah in die kleine Runde. »So was dauert eben.«

Er hatte seine Motivation wiedergefunden. »Gut Ding will Weile haben, sagt man doch. Und 'ne Weile dauert es eben, wenn was Gutes dabei rauskommen soll.«

»Die Zeit haben wir aber nicht. Sind wir einmal auf dem Festland, kommen wir nicht so schnell zurück.«

»Mir graut es schon bei dem Gedanken«, sagte Tom. »Ich kann mir ein Leben woanders nicht mehr vorstellen.«

Freddy grinste seine Freunde an. »Komisch. So lange wollte ich nichts anderes als bloß hier weg. Und das so schnell wie möglich. Aber jetzt kann ich es mir auch nicht mehr vorstellen, woanders zu wohnen.«

»Ja«, pflichtete Onea ihm bei. »Die Insel ist in dir. Wir sind die Insel.«

Ein kurzes Schweigen folgte. Alle drei merkten, wie sehr sich ihre Leben mit der Insel und den Tieren auf Sauritius verbunden hatten. Nur die Dinoinsel vermochte so etwas zu vollbringen.

Sie war ein ganz besonderer Fleck Erde und gleichermaßen gefährlich wie wunderbar. Abenteuerlich, aber auch gemütlich, weil alle hier sich kannten. Man wusste um die Stärken und Schwächen des anderen, und zusammen fühlten sich alle, die auf Sauritius lebten – Menschen und

Tiere –, wie eine Einheit. Es war unmöglich, sich vorzustellen, dass dies jetzt so abrupt enden sollte.

»Ich finde es wirklich bedauerlich, dass Erwachsene manchmal so schnell aufgeben«, grübelte Freddy.

»Oh, bedauerlich«, zog Onea ihn auf. »Dein Wortschatz hat sich in der letzten Zeit ganz schön positiv entwickelt.«

»Kommt vom guten Einfluss.« Freddy grinste.

»Wie man's nimmt«, mischte sich Tom ein.

»Komm, gib's zu, zusammen sind wir einfach unschlagbar!«

Freddy und Onea sahen ihren Freund an.

»Ja, ihr habt ja recht«, lachte Tom nun.

»Und deswegen lassen wir uns nicht so einfach mit dem Festland abspeisen!«, sagte Onea entschlossen.

»Apropos Speisen«, antwortete Freddy und stand auf. »Wann gibt's was zu essen?«

»Vorher schnappen wir uns aber noch ein paar neue Lehrer!« Onea hob die Augenbrauen und blieb sitzen.

»Mit vollem Bauch wartet es sich aber besser«, warf Freddy ein.

»Stimmt auch wieder«, gab Onea zu und ließ sich von Freddy vom Stuhl ziehen. »Mal sehen, was die Kantine heute zu bieten hat.«

»Hoffentlich haben sie die weltbeste Lasagne im Angebot!« Freddy rieb sich den Bauch.

»Auf die hätte ich jetzt auch Lust!«, sagte Tom.

»Also, erst essen, und dann ...«

»... auf die Lehrer, fertig, los!«

Aber beim Essen in der Kantine waren alle drei so nervös, dass sie kaum etwas herunterbekamen.

»Was wir da vorhaben, ist doch nicht irgendwie verboten, oder?«, zweifelte Freddy. Dass er kaum Appetit hatte, war neu.

»Na ja, vielleicht nicht direkt ...«, antwortete Onea.

»Du meinst indirekt?«, hakte Freddy nach.

»Wie soll denn etwas indirekt verboten sein?« Tom schüttelte den Kopf. »Es geht ja darum, dass die Erwachsenen einfach zu schnell aufgeben. Wir finden uns eben nicht mit jeder Krise einfach so ab. Das haben wir schon so oft bewiesen.«

»Das stimmt.« Freddy nickte.

»Ich glaube, ich möchte lieber zurück an den Computer und schauen, ob es Antworten gibt.« Onea stand auf. Ihr Teller war nicht einmal halb leer.

»Ich auch«, sagte Freddy. Er schob sich schnell noch ein Stück Brot in den Mund. »... als Wegzehrung!«

Doch zurück vor dem Bildschirm im Zimmer von Tom und Freddy erwartete sie keine Flut an Nachrichten wie erhofft. Nur eine einzige Mail befand sich im Postfach.

»Mrs. Elli Fantanelli-Rocher«, las Onea vor.

»Interessanter Name!« Tom grinste.

»Keine Vorurteile bitte«, sagte Onea streng. »Wir sind nicht in der besten Lage im Moment, falls du dich erinnerst.«

»Ist ja schon gut«, antwortete Tom. »Also, was schreibt sie so?«

Onea las laut vor. »... sie ist seit dreißig Jahren Lehrerin, sie schätzt Kinder, mögen wäre aber übertrieben, denn darum geht es ja in der Erziehung nicht ...«

»Was?«, fragte Freddy. »Die fliegt sofort raus!«

»Sie ist die einzige Bewerberin«, gab Onea zu bedenken.

»Obwohl du natürlich recht hast. Ich, meine, wer schreibt so was?«

»Sie denkt, sie spricht hier mit anderen Erwachsenen«, sagte Tom. »Die reden vielleicht anders untereinander.«

»Egal, die fliegt raus«, wiederholte Freddy. »Wer keine Kinder mag, ist hier falsch.«

»Sie mag Tiere«, las Onea weiter vor. »Besonders Vögel.«

»Ja, und weil die die nächsten Verwandten der Dinos sind, denkst du, dass sie sicher auch Dinos mag?«

Tom lachte. »Nie im Leben.«

»Man könnte schon so argumentieren«, sagte Onea.

»Nein, kann man nicht. Sie fliegt raus«, sagte Tom. »Da gebe ich Freddy recht.«

»Okay«, sagte Onea. »Dann haben wir niemanden.«

Ein dreistimmiges Seufzen war zu hören.

»Das ist schwerer als gedacht.«

»So wie alles hier.« Freddy seufzte erneut.

»Na ja, nicht alles«, verbesserte Onea ihn.

Auf einmal ploppte eine neue Nachricht auf.

»Da!« Freddy zeigte auf den Bildschirm.

»Ein gewisser Mr. Man«, las Onea vor. »Er war Lehrer auf Bali ...«

»Das hört sich gut an!«, freute sich Freddy. »Bali ist doch fast wie Sauritius. Haben die nicht Warane dort?«

»Genauer gesagt, auf Komodo«, fuhr Onea fort. »Eine Insel bei Bali. Sie wird auch die Dracheninsel genannt, weil es dort so viele Warane gibt.«

»Na, siehst du«, sagte Freddy zufrieden. »Er ist Abenteuer gewohnt.«

»Warane sind keine Dinos.« Tom las weiter. »Er ist sportlich, fährt gerne Kanu und hat den Rettungsschwimmer ... Er unterrichtet Sprachen, Sport und Kunst. Hat auch schon andere Fächer gemacht ... klingt ideal!«

»Ja.« Onea nickte. »Den laden wir ein.«

»Das war ja ein Kinderspiel!«, Freddy grinste. »Schon gebongt!«

»Na ja, eine Sache haben wir noch nicht bedacht«, warf Onea ein.

Die Jungs schauten sie fragend an.

»Wie verstecken wir die Dinos vor den Bewerbern beim Vorstellungsgespräch?«

KAPITEL 4

DIE KANDIDATEN-AUSWAHL

Schon nach kurzer Zeit trudelten die nächsten Bewerber ein.

»Eine neue Bewerberin«, sagte Onea, »Frau Pfannerschmidt-Kleinbrödler. Sie hat kein Foto beigefügt. Schlechtes Zeichen?«

»Egal«, sagte Tom. »Wir machen hier keinen Schönheitswettbewerb.«

»Frau Pfannerschmidt-Kleinbrödler ... o Mann, diese Namen«, sagte Freddy. »Da brauche ich ja erst mal 'ne Ewigkeit, bevor ich den überhaupt ausgesprochen habe. Bis dahin habe ich ja vergessen, warum ich eigentlich aufgezeigt habe.«

»Namen sind doch unser kleinstes Problem, Leute«, sagte Onea. »Was sie schreibt, hört sich toll an. Schau mal, sie spielt gerne Schach und unterrichtet Mathe und Sachkunde. Sie liebt Sport und Geografie. Perfekt!« Onea war ganz aufgeregt. »Und da ist noch eine!« Sie klatschte in die Hände. »Ms. Littlebe!«

Die Kinder betrachteten das Foto. Es zeigte eine Frau mit rundlichem Gesicht und roten Wangen, einer kleinen Nickelbrille und einem entschlossenen Blick.

»Sie hört sich auch gut an. Sie mag Kinder, Katzen und spielt Flöte.«

»Oh, oh«, machte Tom.

»Was denn?«, fragte Onea.

»Flöte ist kein gutes Zeichen.«

»Wieso?«, fragte Freddy. »Ich meine, ich bin früher aus dem Flötenkurs rausgeflogen, aber wenn sie das gut kann ...«

»Flöte und Katzen ... da klingelt es bei mir Alarm.«

»Ach was!« Onea winkte ab. »Die laden wir auch ein.«

»Na, die wird die Dinos gut aufmischen!«

Tom lachte. »Super. Eine irre Flöten-Katzenfrau!«

»Du weißt doch gar nicht, ob sie irre ist«, rügte Onea ihn.

»Klar weiß ich das«, sagte Tom. »So was nennt man Intuition.«

»Seit wann hältst du was von Intuition?«

»Äh, Leute, was ist das überhaupt?«, fragte Freddy.

»Bauchgefühl«, sagte Onea. »Um es mal einfach zu übersetzen.«

»Ah, davon habe ich viel!«, sagte Freddy.

»Ja, und was sagt dir das gerade? Die Flötenfrau passt nicht.«

»Ich habe zwar ein kleines Flötentrauma, aber ich verurteile Menschen deswegen nicht. Meinetwegen kann sie kommen.«

»Zwei zu eins«, sagte Onea. »Demokratische Entscheidung.«

»Wie ihr wollt.« Tom zuckte die Schultern. »Also, der Sportler aus Bali, die irre Flötenfrau und die mit DEM NAMEN.«

»Da ist noch ein Mann«, sagte Onea.

»Mr. Appelbe.«

Sie lasen still. »Er reist nie, er macht nie woanders Urlaub als zu Hause und züchtet Kakteen!«, fasste Tom zusammen. Er klang nicht überzeugt.

»Kakteen sind doch super, hier gibt es genug davon. Dann kann er sich mal so richtig ausleben!« Freddy sah hoffnungsvoll in die Runde.

»Na ja, wir laden am besten alle ein. Wer weiß, wer es überhaupt hierhin schafft. Immerhin übernehmen wir erst mal keine Reisekosten. Das müssen wir später klären. Aber vorstrecken können wir nichts.«

»Das stimmt«, sagte Tom.

»Okay.« Onea nickte. »Dann schreibe ich allen vier Kandidaten zurück.«

Noch am selben Nachmittag besuchten Tom, Onea und Freddy die Dinos im Steinbruch.

»Lasst uns auskundschaften, wie wir die Lehrer vom Steg in die Schule lotsen, ohne dass sie den Dinos begegnen.«

Tom hatte sich auf Finn gesetzt und hob ab. »Ich fliege den Weg mal ab.«

»Zur Schule zu gehen macht doch keinen Sinn«, sagte Onea. »Wir müssen die Lehrer woanders treffen. Sonst fliegt ja alles auf.«

Freddy überlegte kurz. »Die Eisdiele ist doch direkt am Strand.«

Onea lachte. »Ein Bewerbungsgespräch in einer Eisdiele?«

»Mit Kindern auf einer Insel voller Dinos«, sagte Freddy. »Da ist die Eisdiele wahrscheinlich das am wenigsten Verrückte an der ganzen Sache.«

»Stimmt.« Onea nickte. »Einverstanden.«

»Super«, sagte Freddy. »Dann gibt es demnächst ständig Eis!«

»Klar, dass du wieder nur an so was denkst.« Onea knuffte Freddy in die Seite.

»Eis macht alles besser«, verteidigte er sich.

»Und schon wieder hast du recht«, stimmte Onea grinsend zu.

Als Onea auf Appi und Freddy auf Kalle am Steg ankamen, war Tom bereits mit Finn gelandet.

»Also, hier am Strand kann eigentlich nichts passieren«, sagte Tom. »Tyron hält sich hier so gut wie nie auf, und die anderen Dinos bleiben in der Schlucht oder ziehen eher über die Terra. Gerade bei den Herden können wir uns darauf eigentlich verlassen. Der Strand ist wirklich der schlauste Ort, um den Dinosauriern aus dem Weg zu gehen. Natürlich nur, solange nicht noch einmal ein Meeresmonster auftaucht.«

»Das haben wir ja damals direkt erledigt, als wir hier angekommen sind«, sagte Onea stolz.

»Hmmm ... wartet mal ... hmmm ... ha! Sag ich doch«, meinte Freddy, der in seiner Hosentasche nach Kleingeld kramte. »Ich hatte da doch was ...«

»Gut, also holen wir die Bewerber am Steg ab und begleiten sie hierher. Dann stellen wir ihnen Fragen und finden heraus, welches die geeignetsten Lehrer sind. Und dann müssen wir die, die wir gut finden, nur noch von der Insel überzeugen, bevor wir unser Geheimnis preisgeben.«

Tom nickte Onea zu. »Ja, erst wenn wir ganz sicher sind, dass jemand bleibt, darf er oder sie von den Dinos erfahren.«

»... ah, da ist es ja!« Freddy hielt erfreut eine Münze hoch. »Für einmal Banane mit Schokostückchen reicht das!«

KAPITEL 5

DIE ERSTE VORSTELLUNG

Nur zwei Tage später war es so weit: Die erste Bewerberin sollte ankommen. Inzwischen stand fest, dass die Reptilia-Schule ab der kommenden Woche vorerst schließen würde, und Tom, Onea und Freddy wussten, dass sie dann auf drei unterschiedliche Schulen auf dem Festland verteilt würden.

Es war also allerhöchste Zeit, zu handeln! Allerdings hatte die Direx Wissler auch verkündet, dass es, bis es so weit war, einen Notfallplan für den Unterricht geben würde. Das fanden weder Tom noch Freddy sinnvoll. Allerdings konnten sie so sicherstellen, dass sich kein anderer Schüler am Strand befand, wenn die Bewerber ankamen: Denn alle anderen saßen in den Klassenräumen.

Tom, Onea und Freddy hatten sich für die letzte Unterrichtsstunde freistellen lassen. In der hätten sie ohnehin nur Fossilien gebastelt.

Alle gaben »plötzlich auftretende grippale Symptome« an. Und sie durften auf ihre Zimmer – wo sie natürlich nicht waren.

»Dass es ausgerechnet die Pfannerschmidt-Kleinbrödler sein muss, mit der wir loslegen«, seufzte Tom auf dem Weg zum Strand.

»Wir können froh sein, wenn überhaupt jemand kommt«, erinnerte Onea ihn.

»Und bleibt«, ergänzte Freddy. »Ich wäre hier ja am Anfang auch am liebsten Hals über Kopf wieder abgehauen.«

Während sie zum Steg liefen, sah Freddy sich kurz um, als würde er nach etwas suchen. »Ehrlich gesagt, will ich es ab und zu immer noch.«

»Ehrlich?«, hakte Onea nach. »Ich will diesen Ort nie mehr verlassen.«

»Ich auch nicht«, stimmte Tom ihr zu.

»Ich eigentlich ja auch nicht«, gab Freddy zu. »Aber ich

hätte auch nichts gegen eine längere Zeit einzuwenden, in der es hier einfach mal ruhig ist und keine Katastrophe passiert.«

»Hahahaaa«, lachten Tom und Onea.

»Jaja, ich weiß schon«, sagte Freddy. »Falsche Insel!«

Gerade als sie am Steg ankamen, tauchte in der Ferne auch schon das kleine Schnellboot auf. Es brachte ab und zu Post oder dringend benötigte Lebensmittel, wenn das größere Versorgungsschiff, das die Insel regelmäßig ansteuerte, diese nicht schnell genug liefern konnte. Natürlich waren alle, die hier an Bord waren, zu strenger Geheimhaltung verpflichtet. Eigentlich war keinem der drei Inselhelden so ganz klar, was die Kapitäne der Schiffe überhaupt über die Insel wussten. Sie legten nie lange an und verschwanden auch immer wieder so schnell, wie sie gekommen waren. Und das konnte ein Zeichen dafür sein, dass sie nichts wussten. Oder alles.

»Da ist sie«, sagte Onea und strich ihren Reptilia-Anzug

glatt. Die Schuluniformen hier waren anders als an anderen Schulen: Die sandfarbenen Anzüge waren wegen ihrer Farbe in der offenen Landschaft kaum zu sehen, was überaus praktisch war, wenn man möglichst wenig Aufmerksamkeit auf sich ziehen wollte. So waren die Kinder damit auch ein wenig vor Angreifern wie dem T-Rex geschützt, der bekanntermaßen nicht die besten Augen hatte. Dafür war sein Geruchsorgan doppelt gut ausgebildet.

Aber weder Tom noch Onea oder Freddy machten sich heute Sorgen. Am Strand war weit und breit kein Dino zu sehen, und zu dieser Zeit hielt sich Tyron mitsamt seiner Familie eher am Wasserfall oder in der Terra auf.

Dennoch wirkte Onea nervös. Es war das erste Mal, dass Tom sie so erlebte. Sonst war sie immer diejenige des Trios mit den stärksten Nerven.

»Wir haben nur noch diese Woche«, flüsterte Onea den anderen beiden zu, »um zwei neue Lehrer zu finden.« Sie winkte der Frau zu, die im Schnellboot stehend hektisch zurückwinkte. »Ansonsten sind wir geliefert!«

»Hui, hui!«, kicherte Frau Pfannerschmidt-Kleinbrödler, während das kleine Boot durch die Wellen auf die Kinder zuschaukelte. »Das Bötchen hier wackelt ja gewaltig, hihihi! Mir ist schon ganz übel! Ich hoffe, ich bin nicht grün im Gesicht!«

Frau Pfannerschmidt-Kleinbrödler trug einen dunklen Blazer mit knielangem Rock. Dazu hochgesteckte Haare und einen Seidenschal. Als sie versuchte, vom Boot auf den Steg zu steigen, kamen ihre Schuhe mit hohen Absätzen zum Vorschein. Der Bootsführer hielt ihr seine Hand hin, damit sie das Gleichgewicht beim Aussteigen nicht verlor.

Onea schob Tom in ihre Richtung, um das Gleiche zu tun. Etwas widerwillig bot Tom der Besucherin seine Hand an. Er stand nicht auf Körperkontakt und schon gar nicht bei Fremden. Aber er sah ein, dass hier Höflichkeit wichtiger war.

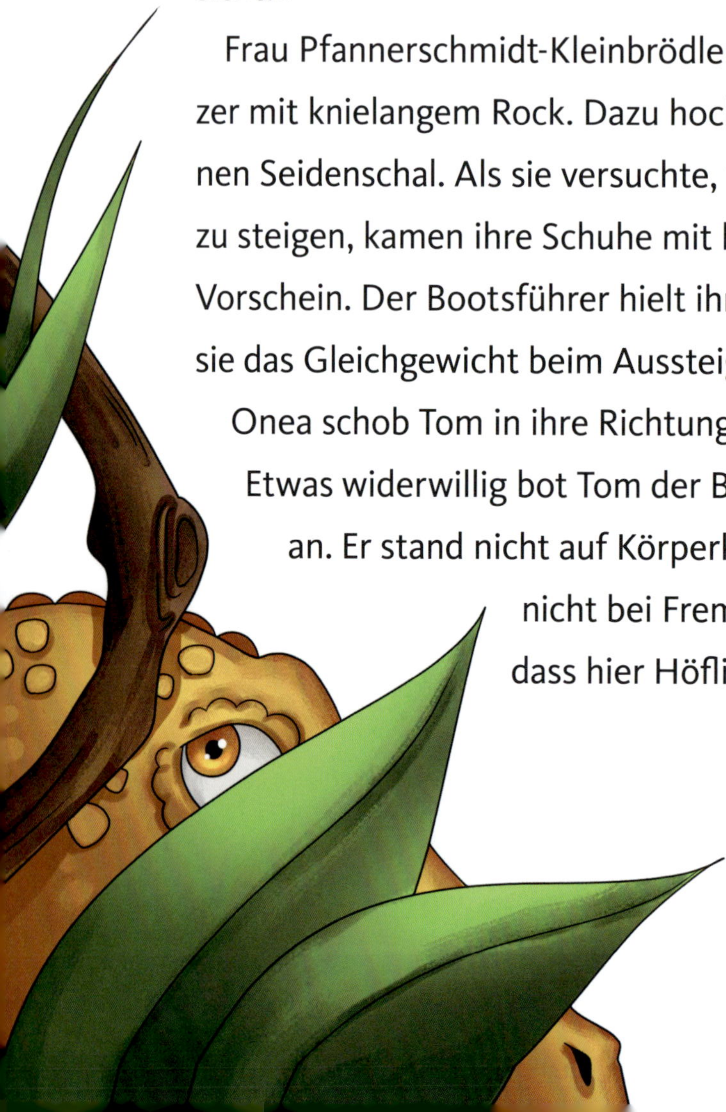

»O weh«, flüsterte Freddy. »Die passt hier ja hin wie ein Dino in den Streichelzoo ...«

»Huiuiui«, Frau Pfannerschmidt-Kleinbrödler lachte schon wieder, und jetzt klang ihre Stimme etwas angespannt. »Das ist ja ganz schön wild hier!«

Schon beim ersten Schritt auf dem Holzsteg blieb sie mit einem ihrer Absätze stecken.

»Aaaaaaah!«

Stolpernd fiel Frau Pfannerschmidt-Kleinbrödler Tom in die Arme. Freddy und Onea konnten sich ein Lachen nicht verkneifen. Das war gerade noch mal gut gegangen. Aber jetzt sah Tom ziemlich gequält aus.

»Oh, also, hui, was für ein Ankommen hier, puh!«

Frau Pfannerschmidt-Kleinbrödler zupfte ihren Schal zurecht. »Guten Tag erst mal, ich bin Frau Pfannerschmidt-Kleinbrödler.«

»Guten Tag«, erwiderte Onea. »Wir sind Onea und Freddy. Und Ihr Retter hier ist Tom.«

»Sehr schön«, sagte Frau Pfannerschmidt-Kleinbrödler. »Danke.«

»Hatten Sie eine gute Anreise?«, fragte Onea höflich.

»Na ja, es war doch ein wenig abenteuerlich«, sagte Frau

Pfannerschmidt-Kleinbrödler. »Immerhin wollte mir der Bootsführer einfach nicht sagen, warum diese Insel in keiner Karte eingezeichnet ist. Dabei kann es sich doch nur um ein Versehen handeln, nicht wahr? Also, ich für meinen Teil unterrichte ja auch Geografie. Und so etwas ist mir noch nie untergekommen. Diese Insel muss schleunigst registriert werden. Denn: Sind die Dinge noch so klein, halte sie in Ordnung und rein!« Frau Pfannerschmidt-Kleinbrödler kicherte, und das klang ein bisschen wie ein Huhn, fand Freddy.

»Mein Wahlspruch. Also, ich für meinen Teil halte es so. Ich bringe das meinen Kindern im Unterricht immer als Erstes bei. Also, ich für meinen Teil ...«

Frau Pfannerschmidt-Kleinbrödler redete und redete. Sie hörte einfach nicht mehr auf, während sie neben den drei Kindern den Steg entlangstöckelte. Onea kam gar nicht dazu, etwas zu sagen, und entschied, die Lehrerin erst einmal reden zu lassen. Tom musste sich noch von seinem Rettungseinsatz erholen, und Freddy grinste breit.

»Also, ich für meinen Teil halte das so«, beendete Frau Pfannerschmidt-Kleinbrödler schließlich ihren Monolog.

Dann machte sie die erste kleine Pause. »Wo ist eigentlich die Direktorin?«

Sie sah sich um.

»Wir führen das Gespräch mit Ihnen«, sagte Onea schnell. »Die Direktorin ist verhindert.«

»Oh«, machte Frau Pfannerschmidt-Kleinbrödler. »Wie ungewöhnlich.«

»Ja«, sagte Freddy. »Hier herrscht nämlich eine richtige Epidemie. Magen-Darm, Sie wissen schon. Überall Kotze und Viren und so ... die Klos sind dauerbesetzt. Ganz schlimm. Es stinkt bis zum Himmel. Deswegen können wir auch nicht zur Schule.«

Frau Pfannerschmidt-Kleinbrödler verzog das Gesicht. »Aha ... hmm ...«

Onea sah Freddy streng an. Dass er auch immer gleich übertreiben musste!

Doch Freddy hob nur die Schultern und flüsterte: »Wieso? Wirkt doch!«

»Wir weichen auf die Eisdiele da vorne aus«, erklärte Onea. »Da bekommen Sie dann auch gleich eine Portion Urlaubsgefühl mit.«

»Also, ich für meinen Teil suche nicht nach Urlaub«, sagte Frau Pfannerschmidt-Kleinbrödler. »Ich möchte die wichtige Lehrarbeit verrichten. Denn was Kinder jetzt nicht lernen, das fehlt ihnen später im Leben. Mein zweiter Wahlspruch. Also, ich für meinen Teil denke, Ordnung und Disziplin ...«

Tom stöhnte leise, während er den anderen hinterhertrottete. »Na, das kann ja heiter werden.«

An der Eisdiele angekommen, gab Frau Pfannerschmidt-Kleinbrödler ihre Bestellung auf.

»Einen Kaffee, schwarz bitte.«

»Was ist mit Eisbechern für alle?«, fragte Freddy.

Onea ignorierte seine Bemerkung. »Können Sie sich vorstellen, auf die Insel zu ziehen?«, fragte sie die Lehrerin.

»Aber natürlich. Ich für meinen Teil kann überall lehren. Selbst auf dem Mars, harharhar!«

Ihr schallendes Lachen erinnerte Freddy an ein seltsames Bellen. »Äh, ja, das klingt ja schon mal gut«, sagte er. »Denn so ähnlich ist es hier auch.«

Onea schreckte auf. Was sollte das denn jetzt?

»Ich meine, so von der Landschaft her«, ergänzte Freddy. »Also, manche Teile der Insel sind noch sehr ...«

»... ursprünglich«, ergänzte Onea schnell.

»Wie stehen Sie denn so zu Tieren?«, fragte Tom. Seine Augen funkelten geheimnisvoll.

»Tiere sind ein notwendiges Übel der Evolution«, sagte Frau Pfannerschmidt-Kleinbrödler. »Man muss sie nicht mögen. Ich für meinen Teil esse hauptsächlich vegetarisch. Nicht, weil ich Tiere besonders mag. Sondern eher, um meine Gesundheit zu erhalten. Ich treibe auch Morgensport vor dem Frühstück. Das würde ich hier natürlich auch direkt einführen. Ihr könnt euch gar nicht vorstellen, wie gut das für den Kreislauf ist.«

»O doch«, sagte Freddy. »Kann ich mir direkt vorstellen.« Er wirkte etwas blass. Mit Sport zu drohen, bevor er gefrühstückt hatte, trieb ihm die Farbe aus dem sonst so rosigen Gesicht.

Frau Pfannerschmidt-Kleinbrödler nippte mit spitzen Lippen an ihrem Kaffee.

»Also, was Tom eigentlich meinte, ist, dass es hier viel Flora und Fauna gibt.« Onea räusperte sich. »Und eine lebendige Tierwelt.«

Frau Pfannerschmidt-Kleinbrödler nickte. »Ich habe nichts gegen Insekten. Da gibt es gute Sprays. Wenn ihr das meint.«

»Ja, also ... fast«, sagte Onea. Sie musste sich ein Grinsen verkneifen, als sie die Jungs grinsen sah. »Tiere gibt es hier in allen möglichen Größen.«

»Ich würde das Morgenschwimmen anregen. Gleich nach dem Aufstehen direkt im Meer. Zu Hause habe ich ein kaltes Fass. Mein Blutdruck ist immer optimal.«

»Oh«, machte Freddy, der sich eine Kugel Cookies and Cream gegönnt hatte, »das klingt echt gar nicht mal so gut.«

Frau Pfannerschmidt-Kleinbrödler ließ ihren Blick über das Meer schweifen. Die Wellen rollten inzwischen leise und sanft vor sich hin. Alles wirkte harmonisch.

»Wie idyllisch hier«, seufzte Frau Pfannerschmidt-Kleinbrödler verzückt. »Sehr verlockend, auf dieser kleinen Insel zu arbeiten.«

In dem Moment rannte ein Entenschnabeldinosaurier direkt vor ihnen am Strand entlang. Noch bevor Frau

Pfannerschmidt-Kleinbrödler etwas sagen konnte, türmte sich das Wasser daneben zu einer gigantischen Welle auf. Aus den Fluten erhob sich ein riesiger Ichthyosaurus, der nach dem Entenschnabel schnappte.

Frau Pfannerschmidt-Kleinbrödler rang nach Luft. »Iiiiiiiih! Aaaaaah! Uuuuuuh! Aaaaah! Iiiiiiih! Hooooh! Iiiih!«

In Sekundenschnelle war der kleine Dino verschwunden. Und wenige Sekunden später auch der Meeressaurier.

Das Wasser rollte wieder sanft vor sich hin, als wäre nichts gewesen.

Frau Pfannerschmidt-Kleinbrödler sah entsetzt in die Runde. Sie wischte sich über die Augen. »Habt ihr das auch gesehen? Ihr seid so ruhig! Sagt mir, dass ihr das auch gesehen habt!«

»Ähm, ja, also, das Meer ist noch nicht so erforscht und ...«, begann Onea.

»Da war ein ENTENSCHNABELSAURIER!«, brüllte Frau Pfannerschmidt-Kleinbrödler. »Der von einem MEERESMONSTER gefressen wurde!«

»Also, das wahre Meeresmonster haben wir direkt nach unserer Ankunft hier erledigt«, sagte Freddy stolz.

»Freddy!«, mahnte Onea.

»War nur ein Scherz!«, sagte Freddy mit hochgezogenen Schultern. »Ich weiß gar nicht, wovon Sie überhaupt reden!« Dann drehte er den

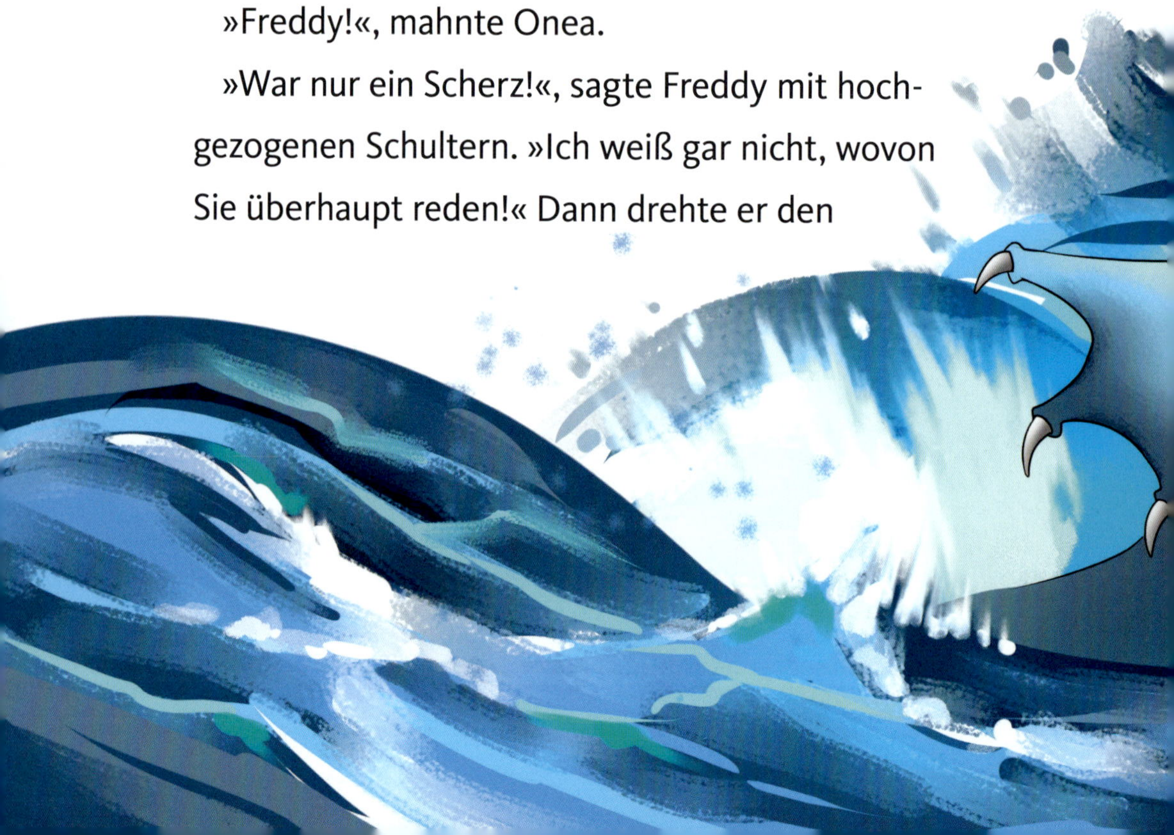

Kopf in Oneas Richtung und maulte ganz leise: »Der hier war doch winzig dagegen.«

»Sicher ein Jungtier«, stimmte Tom flüsternd zu.

»Äh, ich, also, ich für meinen Teil habe genug gesehen«, sagte Frau Pfannerschmidt-Kleinbrödler. »Ich würde jetzt gerne wieder nach Hause fahren. Ich denke, ich bleibe in meiner Schule in Castrop-Rauxel.«

Sie stand auf. Man merkte, dass sie zittrige Knie hatte.

»Ja«, nickte Freddy. »Bei so was hilft auch kein Morgensport.«

KAPITEL 6

KLEINE BIS MITTELGROSSE PANNEN

»Das war ja wohl nix.«

Zurück in der Schule, hatten die Kinder es sich auf Toms Bett bequem gemacht.

Sie hatten Frau Pfannerschmidt-Kleinbrödler vor deren Abreise das Versprechen abgenommen, die seltsame Begegnung für sich zu behalten.

»Keine Sorge«, hatte diese gesagt, »man hält mich doch für komplett verrückt, wenn ich so etwas erzähle. Ich will mit diesem Unfug nichts weiter zu tun haben!«

Ohne sich umzudrehen, war sie anschließend in das Schnellboot eingestiegen, und nach kurzer Zeit war ihr wehender Schal alles, was noch von ihr zu sehen gewesen war.

»Seit wann laufen die Entenschnäbel am Strand lang?«, fragte Tom jetzt in die Runde. »Und vor allem einzeln, ohne Herde?«

»Sag mal lieber was zum Ichthyosaurus«, entgegnete Onea. »Ich wusste nicht, dass da noch einer ist!«

»Das war ein kleiner«, sagte Tom, »der wird uns nicht gefährlich.«

»Das habe ich gesehen«, seufzte Onea. »Die arme Ente.«

Auf der Insel wurden die Entenschnabelsaurier häufig auch »Enten« genannt, weil sie so oft vorkamen wie Hühner oder Tauben auf dem Festland.

»Das war ein echter Reinfall!« Onea seufzte.

»Ja, das war sie wirklich.« Freddy nickte.

»Ich meinte das Vorstellungsgespräch mit der Fresseinlage«, erklärte Onea.

»Ja, das auch.«

»Wann ist das nächste Vorstellungsgespräch?«, fragte Tom.

»In zwei Stunden. Mit Mr. Appelbe. Dann nur eine Stunde Pause, und dann kommt Ms. Littlebe.«

»Seltsam, beide mit diesen Namen«, raunte Tom.

»Ich find's lustig!« Freddy klatschte in die Hände. »Stellt euch mal vor, beide arbeiten hier und verlieben sich und heiraten und kriegen viele Kinder und heißen dann Familie Appelbe-Littlebe!« Freddy hielt sich den Bauch vor Lachen. »Oder Littlebe-Appelbe! Hahahaaaa!«

Onea und Tom sahen ihn mit hochgezogenen Augenbrauen an. »Ja, tolle Geschichte. Ich bin froh, wenn die hier erst mal einfach nur arbeiten.«

Tom nickte. »Das muss diesmal besser laufen.«

»Lasst uns sicherstellen, dass keine Enten mehr zum Strand kommen. Wir nehmen das Megafon mit und machen laute Geräusche, bevor der nächste Bewerber ankommt.«

»Gute Idee«, sagte Onea.

Immer wieder ohne die Dinos zum Strand zu laufen, war bei den steigenden Temperaturen ganz schön anstrengend. Nach einer Weile hatte Freddy einen ganz roten Kopf, und auch Onea und Tom schnauften.

»Reiten ist wirklich angenehmer.«

»Ja, wir hätten die drei Dinos ja auch wieder zur Schlucht zurückschicken können, bevor Littlebe-Appelbe ankommen. Sie kennen den Weg doch. Und mein Kalle hätte sie sicher angeführt.« Freddy beugte sich nach vorne, um sich schnaufend auf seine Knie zu stützen.

»Nein«, sagte Onea. »Wir gehen kein Risiko ein. Die beiden sind unsere letzte Chance.«

»Mir ist schon ganz schlecht«, sagte Freddy.

»Vom Laufen?«, fragte Onea und hielt an.

»Davon auch«, antwortete Freddy.

»Denk einfach an deine fröhliche Familie Appelbe-Littlebe«, munterte Onea ihn auf.

Tom lachte. »Als ob.«

»Man weiß nie«, schnaufte Freddy, als sie endlich am Steg ankamen. »Auf dieser Insel kann alles passieren.«

Als kurze Zeit später der erste Lehrer ankommen sollte, staunten die Kinder nicht schlecht. Mr. Appelbe und Ms. Littlebe befanden sich zusammen auf dem Schnellboot. Sie winkten ihnen fröhlich zu.

Freddy grinste.

»Aber wie kann das sein?«, fragte Onea. »Ich hatte die Termine doch extra mit genug Abstand dazwischengelegt.«

»Appelbe-Littlebe ...«, sang Freddy schief vor sich hin.

»Psst!«, sagte Onea. »Sie kommen.«

Als das Boot anlegte, boten Mr. Appelbe und Ms. Littlebe einen lustigen Anblick. Er war sehr schlaksig und sicher an die zwei Meter groß, sie höchstens eins fünfzig.

»Oh, hallo, Kinder, ich bin Ms. Littlebe!«

Um den Hals der Lehrerin hing eine Nickelbrille an einer Perlenkette, wie auf dem Bewerbungsfoto, und die rotbraunen Locken reichten ihr bis zum Kinn. Ihre rundlichen roten Wangen glänzten in der Sonne. Sie trug eine Strickjacke mit Katzenmotiv darauf, ganz wie in Toms Vorstellung. Hier lag wohl nicht nur Freddy mit seiner Vorahnung richtig.

Mr. Appelbe hingegen wirkte wie ein in die Jahre gekommener Rocker mit seiner winzigen Sonnenbrille, der Weste und Jeans.

»Wie schön, ein echtes Empfangskomitee!«, freute er sich.

»Hallo«, begrüßte Onea die beiden vom Steg aus. Diesmal musste der Bootsführer erneut helfen, damit Ms. Littlebe von Bord kam, doch sie rutschte weg. Sofort fing Mr. Appelbe sie auf.

»Huch, junge Dame!«, rief er.

Ms. Littlebe wurde rot. »Junge Dame, hach, das hat schon lange keiner mehr zu mir gesagt!«

Sie kicherte.

»O Mann«, flüsterte Tom. »Die beiden schaffen keine drei Minuten hier auf der Insel.«

»Da gehe ich mit«, murmelte Onea. »Sieht nicht passend aus.«

»Ich halte dagegen«, sagte Freddy. »Wetteinsatz ist eine Eis-Flatrate für eine ganze Woche!«

»Das kann sich keiner leisten«, protestierte Onea, »bei dem, was du verdrückst. Auch wenn ich sicher bin, dass die beiden nicht passen.«

»Dann für einen Tag!« Freddy sah Onea herausfordernd an. Er liebte Wetten, vor allem, wenn es um Eis ging.

»Das ist ja immer noch das, was andere in einer Woche verputzen!«

Onea liebte Wetten auch, vor allem, weil sie gerne recht behielt.

Und Tom liebte Wetten, weil er gerne gewann.

Sie schlugen ein, während die beiden Lehrer nun auf sie zukamen.

»Wir freuen uns, dass Sie hier sind«, sagte Onea. »Wir vertreten unsere Lehrer heute. Eine üble Magen-Darm-Epidemie hat leider ziemlich spontan viele unserer Lehrer erwischt. Also führen wir das Gespräch.«

»Wie erfrischend!«, sagte Ms. Littlebe.

»Sehr«, stimmte Mr. Appelbe zu.

»Darf ich fragen, wie es kommt, dass Sie zusammen hier sind?«, fragte Onea, die den Weg zur Eisdiele anzeigte und voranging.

»Ich war etwas zu früh«, sagte Ms. Littlebe.

»Und ich etwas zu spät«, sagte Mr. Appelbe.

»Perfektes Match«, sagte Freddy, und alle lachten.

Diesmal hatten die Kinder vorgesorgt, und kein Entenschnabel war nach dem Lärm am Strand zu sehen. Doch bevor sie bei der Eisdiele ankamen, bewegte sich eine Palme ein paar Meter entfernt in den Dünen. Es raschelte verdächtig.

»Was war das?«, fragte Ms. Littlebe nichtsahnend.

»Nur der Wind«, sagte Tom schnell. Es war nahezu windstill, aber die Lehrerin nickte nur.

Kurz darauf raschelte es wieder.

Direkt hinter Ms. Littlebe und

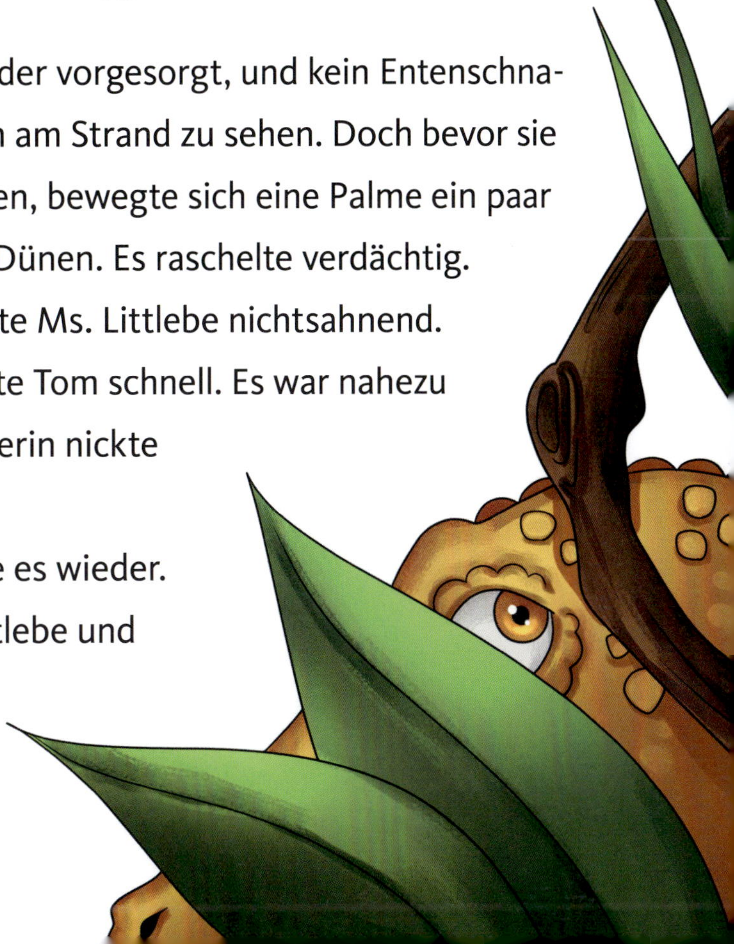

Mr. Appelbe tauchte das T-Rex-Baby – der Sohn von T-Rex Tyron – am Strand auf. Es war gerade so groß, dass es sich hinter einem Gebüsch und der Palme verstecken konnte. Aber schon auf den ersten Blick war es größer als Ms. Littlebe.

Onea, die sich halb umgedreht hatte, wedelte wild mit den Armen. »Hier entlang!«

Sie sah Tom mit aufgerissenen Augen an. Wo das Baby war, konnten die Eltern nicht weit ...

»Chhrrrrrr!«, machte es. Das Geräusch erinnerte an das Fauchen einer Katze.

»Was war das?«, fragte Mr. Appelbe.

»Nichts, hier, hier, hier entlang!«, rief Freddy und wedelte ebenfalls mit den Armen.

»Gibt es hier wilde Katzen?«, fragte Ms. Littlebe. »Ich liebe Katzen!«

»Ja, wir auch«, sagte Onea schnell.

In diesem Moment tauchte etwas Großes hinter der Gruppe auf.

Und es war blau.

»Äh, hier, hier ... hier gibt's den besten Kaffee!«, rief Onea übertrieben laut. Direkt im Rücken des großen Mr. Appelbe hatte sich die T-Rex-Mutter des kleinen T-Rex-Babys aufgestellt.

»Oh no«, sagte Tom. »Das gerät außer Kontrolle!«

»Ruhe bewahren«, sagte Onea leise und fast, ohne die Lippen zu bewegen.

»Ja, klar«, zischte Tom. »Kleine bis mittelgroße Panne: Zwei Lehrer auf Sauritius gefressen!«

»Ja, die wilden Katzen haben immer zu wenig zu fressen.« Ms. Littlebe nickte fröhlich, wobei ihre Nickelbrille auf und ab wippte. Mit ihren winzigen Händen versuchte sie, die wild umherwedelnde Onea zu beruhigen.

»Kind, hyperventilierst du? Brauchst du ein Glas Wasser?«

»Roooooooaar!«, machte es in diesem Moment.

Ms. Littlebes Locken wurden durcheinandergewirbelt und durch den lauten Dinoruf nach vorne geweht.

»Ups!«

Da war er.

Tyron.

Der gefürchtete T-Rex der Insel. Der Dinosaurier, den niemand auf Sauritius freiwillig treffen wollte. Er stand neben den anderen beiden Dinos hinter den Besuchern und musterte die Kinder und die beiden Lehrer interessiert aus seinen kleinen blutunterlaufenen Augen. Jetzt wedelte auch Tom mit den Armen.

»Hierher, nicht umdrehen, wir sind gleich da und ... das ist eine wilde Raubkatze da hinter Ihnen!«

»Oh!« Ms. Littlebe richtete ihre Frisur, bevor sie etwas sehen konnte.

Als Mr. Appelbe sich umdrehen wollte, hielt Freddy ihn davon ab. Er packte den Lehrer kurzentschlossen an den Armen und blickte ihm tief in die Augen – soweit das mit der kleinen Rocker-Sonnenbrille möglich war. »Raubkatzen darf man nie in die Augen sehen! Die beißen sonst sofort zu!«

In dem Moment erklang ein lauter Pfiff. Sofort drehte Tyron sich um und verschwand im Gebüsch. Sein Weibchen und das Jungtier folgten ihm.

KAPITEL 7

WIE VERSTECKT MAN DINOS?

Dass ausgerechnet Jack ihnen aus der Patsche geholfen hatte, war reines Glück gewesen.

Er wusste nichts von dem Lehrer-Notfall-Plan, den Tom, Onea und Freddy ausgeheckt hatten.

»Na, was ist denn hier los?«, fragte er, als er wenige Augenblicke, nachdem Tyron mit seiner Familie verschwunden war, in der Eisdiele die unbekannten Gesichter sah.

»Darf ich vorstellen: Ms. Littlebe und Mr. Appelbe. Sie bewerben sich hier als neue Lehrer.«

Jack sah etwas verwirrt aus. »Wie ...«, doch dann hielt er inne. Denn er konnte am Gesichtsausdruck der

Kinder erkennen, dass diese ihn anflehten, das Spiel mitzuspielen.

»Ah ja. Verstehe. Wie schön. Lehrer können wir gut gebrauchen.«

»Und die wilden Katzen hier, ist das ein Problem auf der Insel?«, fragte Ms. Littlebe. »Das hörte sich gerade doch ungewöhnlich laut an.«

Sie schob ihre Brille zurecht.

»Die wilden ... Katzen?!«, sagte Jack.

Onea nickte. »Ja, die großen Katzen.«

»Ah, ja, die!«, sagte Jack. »Tja, mit der Zeit lernt man, mit ihnen zu leben.«

»Ich liebe ja Katzen!«, sagte Ms. Littlebe und klang nun wieder sehr begeistert.

»Ich habe leider eine Katzenhaarallergie«, sagte Mr. Appelbe.

»Oh, damit werden Sie auf der Insel keinerlei Probleme bekommen.« Tom grinste.

Onea zog Jack zur Seite. Dann flüsterte sie: »Könntest du die Katzen eine Zeit lang verstecken?«

Jack sah sie ungläubig an.

»Wie versteckt man denn Dinos?« Dann runzelte er die Stirn. »Was heckt ihr hier eigentlich schon wieder aus?«

»Bitte mach mit«, bat Onea. »Wir machen das zum Wohl der Insel!«

Jack war anders als die anderen Erwachsenen auf Sauritius. Er war selbst Schüler hier gewesen und konnte sich oft gut in die Kinder hineinversetzen. Auch er hatte einige Streiche auf der Insel geplant und einiges auf dem Kerbholz.

Er war weder Lehrer noch Forscher. Er war der Inselheld, der Einzige, der den T-Rex Tyron reiten konnte. Und er war ein Freund für die Kinder, jemand, dem sie mehr vertrauten als allen anderen Erwachsenen hier.

»Okay. Auf eure Verantwortung!« Er nickte den Besuchern zu. »Ich kümmere mich dann jetzt mal um die, ähm, Katzen.«

»Ach, ist das schön«, freute sich Ms. Appelbe. »Ich mag ja naturverbundene Menschen. Und dann auch noch so ein attraktiver und bodenständiger Kerl!«

Onea musste grinsen. Das war typisch Jack: Da, wo er auftauchte, schlugen sämtliche Frauenherzen höher.

»Ich bin auch ein Pack-an-Typ!«, sagte Mr. Appelbe jetzt zur Überraschung der Kinder. Er baute sich vor Ms. Littlebe auf.

Freddy stupste Onea in die Seite. »Eis-Flatrate, ich komme!«

»Hach, das muss herrlich sein. In der Natur zu leben und zu arbeiten. Und ein Ehrenamt könnte ich ja hier auf der Insel auch direkt anbieten«, sagte Ms. Littlebe. »Ich würde mich um die Katzen kümmern.«

»Das klingt vielversprechend«, sagte Tom. Er winkte Jack zu, der zu den Dünen stapfte und sich sicher in Kürze mit seinem Pick-up auf T-Rex-Suche begeben würde.

Nur: Wie versteckte man denn nun Dinos?

Onea gingen viele Dinge gleichzeitig durch den Kopf. Wann war der richtige Zeitpunkt, das Geheimnis der Insel zu lüften? Sollten sie nach wie vor so lange wie möglich warten? Wann war lange genug?

»Ich habe mir übrigens meine Koffer nachschicken lassen«, eröffnete Ms. Littlebe nun den Kindern. »Ich hatte einfach so ein gutes Bauchgefühl!«

»Intuition!«, sagte Freddy und bestellte drei Kugeln Eis mit extra Schlagsahne.

»Ja, genau.« Sie nickte begeistert. »Ich würde gleich hierbleiben, wenn es recht ist.« Dann bestellte sie sich einen Eiskaffee. »Herrlich hier! Ich bleibe.«

»Ups«, sagte Tom überrascht.

Onea atmete tief aus. »Wieso nicht?«, entgegnete sie dann so gelassen wie möglich. Das war einerseits perfekt, um die Direx so schnell wie möglich davon abzuhalten, die Kinder aufs Festland zu verteilen. Andererseits waren noch so viele Fragen offen.

»Was ist mit der Flöte?«, fragte Freddy, während er in Windeseile sein Eis verputzte. »Ich habe schlimme Erinnerungen an einen Kurs, aus dem ich rausgeflogen bin!«

»Ach, was«, Ms. Littlebe winkte ab. »Jeder Mensch ist musikalisch.«

Onea schüttelte den Kopf. »Glauben Sie ihm. Er nicht.«

»Das kriegen wir schon hin!«

»Ich spiele übrigens Schlagzeug«, sagte Mr. Appelbe. »Das ist was für alle, die der Flöte nicht mehr so nahekommen wollen.«

»Prima!«, freute sich Freddy. »Das wollte ich schon immer lernen!«

»Na dann – nichts wie ab in die Schule!«

Auf dem Weg zur Schule wurde es Onea, Tom und Freddy doch ein wenig mulmig zumute. Zwar hatte Jack ganze Arbeit geleistet, und von Tyron war keine Spur mehr zu sehen. Aber dafür tauchte mit einem Mal ein Rudel jagender Velociraptoren seitlich von ihnen in der Ferne auf.

»Schauen Sie mal, wie blau der Himmel heute ist!«, lenkte Freddy schnell ab. »Ist das nicht schön? Wie im Urlaub!«

Die Lehrer sahen nach oben.

»Ja, so fühle ich mich hier auch«, sagte Mr. Appelbe.

Tom hustete, so laut er konnte, um das Getrappel zu übertönen.

»Ich könnte hier sicher tolle Erkundungstouren mit den Schülern machen«, überlegte Mr. Appelbe. »Gibt es Pferde auf der Insel? Ihr müsst wissen, dass ich ein guter Reiter bin.«

»Oh«, kicherte Ms. Littlebe, »wie attraktiv!«

»Reittiere haben wir hier viele«, antwortete Tom wahrheitsgemäß.

»Das ist ja wunderbar!«

An der Reptilia-Schule angekommen, staunten die Lehrer nicht schlecht: Eine Schule, die in einen Felsen geschlagen war, war eben etwas ganz Besonderes.

Onea erinnerte sich an den Moment, in dem sie die Schule das erste Mal gesehen hatte. Auch sie hatte staunend davorgestanden und war überwältigt gewesen. So erging es jedem, der zum ersten Mal hier war. Das hatte sie beinahe schon vergessen, weil Sauritius für sie inzwischen so normal geworden war. Aber in den Augen der beiden Lehrer entdeckte Onea jetzt wahre Begeisterung.

»Ein echtes Kunstwerk!«

»Ja«, Ms. Littlebe nickte. »Das haut mich glatt um!«

Die kleine Frau mit der Nickelbrille und der Strickjacke machte ein paar ulkig aussehende Tanzschritte vor Begeisterung, und die Kinder mussten grinsen.

Doch schon beim Eintreten durch das Felsentor stutzte Mr. Appelbe. »Was soll denn dieses Zeichen bedeuten?«

Das beeindruckende Wahrzeichen der Reptilia-Schule war an vielen Stellen auf der Insel auf Schildern zu finden. Es zeigte vier verschiedene Dinos übereinander: Ein Langhalsdinosaurier trug einen Stegosaurus, auf dem wiederum ein Eoraptor stand, auf dessen Rücken zum Schluss ein kleiner Flugsaurier thronte. Es war auch das Schulwappen, das man überall an den Klassen-Wänden, auf Infotafeln und sogar auf der Schulfahne der Reptilia-Schule sehen konnte.

»Es erinnert an die Bremer Stadtmusikanten«, sagte Ms. Littlebe fröhlich und schob sich die Nickelbrille auf die Nase. »Nur mit ... hm ... sollen das Dinos sein?!«

»Ach, so ein verrücktes Wahrzeichen der Schule«, winkte Onea ab. »Aus uralten Zeiten!«

Langsam kamen Onea, Tom und Freddy sich wirklich komisch vor. Wann war es Zeit, das Geheimnis zu lüften?

Es musste der perfekte Zeitpunkt sein. Zuerst sollten die Lehrer vollends von der Schule überzeugt sein. Nachdem das mit Frau Pfannerschmidt-Kleinbrödler gehörig danebengegangen war, blieb nämlich außer Ms. Littlebe und Mr. Appelbe nur noch die Bewerberin übrig, die Kinder nicht leiden konnte: Mrs. Elli Fantanelli-Rocher. Denn Mr. Man, der Lehrer von der Dracheninsel, hatte bis jetzt nicht auf ihre Einladung reagiert. Onea überlegte insgeheim, ob es an Freddys eigenwilliger E-Mail-Adresse lag.

»Wann sollen wir es ihnen sagen?«, flüsterte Tom, als sie den Gang zum Konferenzraum hinuntergingen. Sie hatten die Lehrer vorgehen lassen, die die Felswände bewunderten.

»Salami-Taktik!«, nuschelte Freddy.

»Oh«, sagte Onea, »guter Gedanke!«

»Was?«, fragte Tom.

»Die Taktik«, wiederholte Onea. »Kennst du die nicht?«

Tom schüttelte irritiert den Kopf.

»Ich aber«, sagte Freddy. »Man verhält sich wie ein Politiker, der in der Klemme steckt: immer nur so viel zugeben, wie man gerade muss. Scheibchen für Scheibchen. Salami-Taktik eben.«

»Wow«, staunte Onea. »Hätte nicht gedacht, dass du dich mit so was auskennst.«

»Ich kenn mich mit allem aus, was so einen Namen hat«, sagte Freddy, und Tom seufzte.

»Hätt' ich mir ja denken können.«

»Hier sind überall Warnschilder mit Dinos aufgestellt«, sagte Mr. Appelbe. »Ist das eine Art Schulprojekt?«

»Ja.« Onea nickte schnell. »Wir beschäftigen uns viel mit den Tieren.«

»Wie überaus interessant!«

»Schulprojekt, klasse!« Tom lachte leise.

»Salami-Taktik!«, zischte Onea.

»Jaja«, flüsterte Tom. »Schon kapiert!«

KAPITEL 8

DIE SALAMI-TAKTIK

»Hier entlang bitte«, sagte Tom und schnitt Mr. Appelbe den Weg zu dem Korridor ab, der zu der hölzernen Tür führte, die die Schule mit der Dino-Schlucht verband.

»Ach so«, sagte der Lehrer entschuldigend. »Es ist aber auch verwirrend hier mit den vielen Gängen.«

Tom lenkte sie in den richtigen Gang, in dem Onea schon auf sie wartete. Sicherheitshalber hatte sie das Schild »NOTAUSGANG! Bei Dinoeinbruch hier entlang!« abgehängt und hinter ihrem Rücken versteckt.

So blieb ihr nichts anderes übrig, als rückwärts zu laufen.

»Kind, ist alles in Ordnung mit dir?«, fragte Ms. Littlebe.

»Na klar«, flunkerte Onea, »Ich gehe regelmäßig 10.000 Schritte am Tag, die Hälfte davon rückwärts. Soll gut für den Kopf sein. Gehirnjogging, Sie wissen schon.«

»Davon merkt man aber nichts«, ärgerte Tom sie grinsend. Onea warf ihm einen bösen Blick zu.

»Das wirkt also jetzt doch alles ein bisschen seltsam hier«, sagte Mr. Appelbe. »Wo sind denn die Lehrer?«

»Magen-Darm-Epidemie, wie gesagt«, erklärte Onea. Dass die wenigen übrig gebliebenen Lehrer gerade mit den anderen Schülern in der Kantine saßen, sagte sie natürlich nicht. Sie wusste, dass sie sich beeilen mussten mit dem Besuch: In Kürze würde die Pause enden, und dann würde es wieder vor Schülern und Lehrern auf den Fluren wimmeln.

Gerade jedoch war es gespenstisch still in den Klassen. So hatten die drei Kinder das Gebäude noch nie erlebt.

»Hallo, Tom! Hallo, Onea und Freddy!«

Ranja kam ihnen im Flur entgegen. Die Tochter der einzigen Vulkanologin der Insel hatte ihnen vor Kurzem

ordentlich aus der Patsche geholfen, als der Inselvulkan ausgebrochen war. Seitdem verband die vier Kinder eine vertrauensvolle Freundschaft. Aber von den Lehrer-Plänen der anderen wusste Ranja nichts.

»Habt ihr auch schon gepackt?«, fragte sie und sah dabei traurig aus.

»Öhöhö ... nein.« Onea räusperte sich.

»Wir machen erst noch Wäschetag«, sagte Freddy schnell. »Wir packen unsere ganze Wäsche zusammen und bringen sie in den Waschkeller. Du hast doch heute Dienst, Tom?«

Tom sah verwundert aus. »Also ...«

»Wäschedienst?«, fragte Ranja. »Wieso weiß ich nichts davon?«

»Probieren wir gerade erst aus«, log Tom. »Und ich bin der erste Freiwillige.«

Dass er dabei ernst bleiben konnte, verwunderte Onea und Freddy gleichermaßen.

»Wir nehmen dich beim Wort!«, sagte Onea, dann drehte sie sich zu ihrer Freundin um. »Ranja, wir müssen dringend weiter!« Onea drückte Ranja das Schild in die Hand. »Kannst du das kurz nehmen? Ist vorhin abgefallen.«

»Ähm ... klar ...«, murmelte Ranja, während die anderen

weitergingen. Sie sah richtig überrumpelt aus und schien Ms. Littlebe und Mr. Appelbe, die gerade in einiger Entfernun im Gang vor einem Fossilien-Schaukasten standen und mit großen Augen leise miteinander tuschelten, bisher gar nicht richtig wahrgenommen zu haben. Aber Ranja hatte an Oneas Blick erkannt, dass sie jetzt besser keine weiteren Fragen stellte.

»Wäschedienst? Dein Ernst?«, flüsterte Tom Freddy zu, als sie weit genug von Ranja entfernt waren. »Ich bin der T-Rex-Reiter der Insel, und du erzählst so was.«

Freddy zuckte mit den Schultern. »Hätten wir einen Wäschedienst, müsste jeder ran. Auch du. Und der einzige T-Rex-Reiter hier ist Jack. Auch wenn du schon mal draufsaßt.«

Das hatte gesessen. Tom zog verärgert einen Flunsch. Aber Freddy war es leid, dass Tom immer glänzen musste und ein Held sein wollte. Immerhin hatte er sie gerade mit seiner Idee aus dem Schlamassel gezogen.

Im Konferenzraum angekommen, schaltete Onea das Licht ein.

Die felsigen Wände ringsum boten eine besondere Kulisse, genau wie der lange Tisch inmitten des Raumes, der ebenfalls aus Stein gehauen war.

»Vollkommen einzigartig, dieser Stil«, sagte Mr. Appelbe anerkennend.

»Ja, der sogenannte Bau-Stein!«, lachte Freddy.

Zwei Augenpaare sahen ihn fragend an.

»Kleiner Scherz«, korrigierte Freddy sich schnell, bevor Onea ihm wieder einen mahnenden Blick zuwerfen konnte. Doch diese hatte gerade andere Probleme. Denn Onea hatte entdeckt, dass mitten auf dem Tisch eine ausgebreitete Karte lag, auf der alle Teile der Insel markiert waren. Auch die Dino-Schlucht. Mit eingezeichneten Dinosauriern aus den verschiedensten Gattungen.

»Oh, da liegen noch Reste vom Bio-Unterricht rum, Thema Urzeit!« Onea machte ein paar schnelle Schritte nach vorne und griff nach der Karte.

Sie merkte, dass der Boden unter ihren Füßen immer dünner wurde.

Ein Blick der Kinder untereinander reichte aus, um zu wissen, dass sie die Wahrheit über Sauritius nun wirklich bald ans Licht bringen mussten.

»Mir geht die Salami-Taktik gehörig auf den Keks«, sagte Freddy. »Oh, zwei meiner liebsten Snacks in einem Satz!«, freute er sich gleich darauf. »Das klingt gut!«

Die Lehrer schwiegen, sie blickten die Kinder immer noch ziemlich ratlos an.

»Ja, also ... wie stehen Sie zu Reptilien?«, begann Onea.

»Im Allgemeinen?«, hakte Mr. Appelbe nach.

»Ja, und auch im Speziellen«, schob sie hinterher.

Ms. Littlebe sah jetzt noch verwunderter aus. »Komische Frage. Aber ich mag Katzen wirklich am liebsten. Diese Wechselwärmer sind nichts für mich. Eidechsen sind ganz gruselig. Davon kriege ich direkt Gänsehaut.

Uaaaaahh!«, machte Mr. Appelbe in diesem Moment. »Bitte sagt mir nicht, dass es hier vor Eidechsen nur so wimmelt!«

»Also, Eidechsen gibt es hier schon ein paar«, sagte Tom.

»Das ist schlecht.« Ms. Littlebe knetete ein wenig nervös ihre

Hände. Dann kicherte sie. »Na ja, besser als Warane! Oder Dinos, hahahaaaaa!«

»Hahahaaaa!«

»Haahaaaaaaa!«

»Hahahaaaaaaaaa!«

Alle lachten mit.

»Das wäre ja noch schöner!«

»Hahahaaaaa!«

»Wie in diesem irren Film!«

»Ja, hahahaaaaa!«

Die beiden Lehrer lachten sich fast schlapp. Doch den Kindern blieb schon nach einer Weile das Lachen fast im Halse stecken.

»Wo wir gerade dabei sind«, sagte Tom schließlich laut.

Doch Onea stoppte ihn. Sie schüttelte kaum merklich den Kopf. Es war einfach noch zu früh für die Wahrheit. »Was sagen Sie denn: Können Sie sich vorstellen, hierzubleiben?«, fragte sie stattdessen.

»Das mit den Eidechsen gefällt mir natürlich nicht«, erklärte Ms. Littlebe. »Aber solange das alles ist, freue ich mich auf einen Aufenthalt hier!«

»Also dann: ich mich auch!«, stimmte Mr. Applebe mit ein.

»Super!«, freute sich auch Freddy. »Dann packe ich gleich wieder aus!«

»Du hast schon gepackt?«, fragte Tom.

Glaubte Freddy etwa nicht an ihre Mission?

»Die Wäsche meine ich«, sagte Freddy. »Nur die Wäsche.«

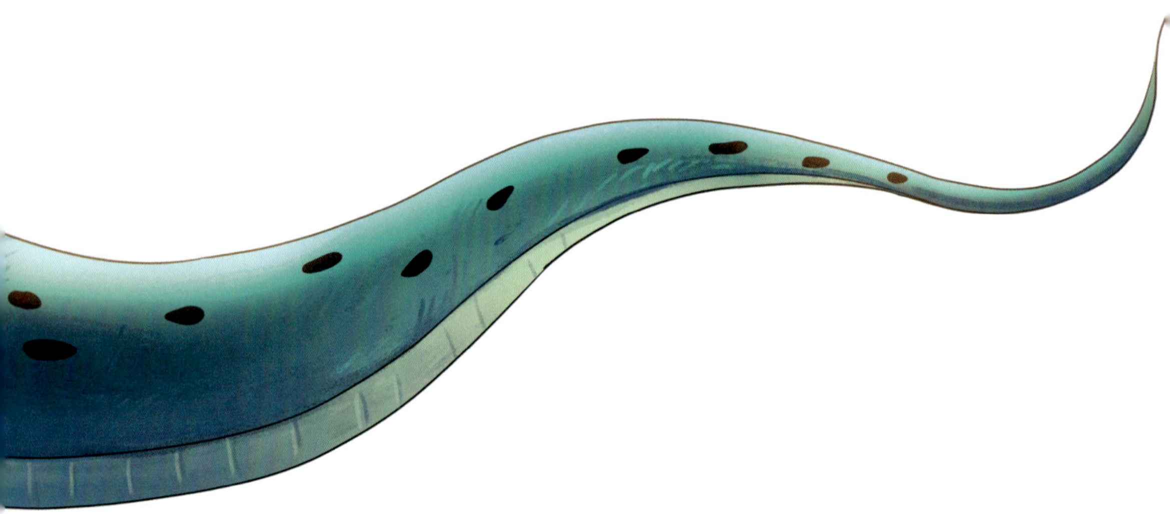

KAPITEL 9

DER ERSTE TAG

Onea und Tom waren auf dem Weg, die Direktorin zu verständigen. Jetzt, wo sowohl Ms. Littlebe als auch Mr. Appelbe zugestimmt hatten, auf der Insel zu bleiben, konnten sie die Direx endlich in ihren Plan einweihen. Und diese würde dann alles Weitere veranlassen, damit die beiden neuen Lehrer schnell eingestellt wurden – da waren die Kinder sich sicher.

Freddy sollte die zwei in der Zwischenzeit bei Laune halten, damit sie nicht versehentlich in der Dino-Schlucht landeten. Um die Aufklärung würden sie sich dann später kümmern. Salami-Taktik eben.

»Wenn man ihnen zuerst ein paar Entenschnäbel zeigt oder so, dann schlucken sie die Kröte vielleicht leichter«, überlegte Onea auf dem Weg zum Büro von Dr. Wissler. »Oder Finn?«

»Mit Tyron würde ich nicht gerade anfangen«, sagte Tom. »Den sparen wir uns bis zuletzt auf.«

Doch beim Büro angekommen, reagierte niemand auf Oneas Klopfen.

Und als sie die Tür öffnen wollte, tat sich nichts.

»Hm. Scheint verschlossen zu sein.«

»Wo ist sie denn?«

»Sucht ihr die Direx?«

Ranjas Stimme, die plötzlich hinter ihnen zu hören war, erschreckte Onea und Tom. »Die ist schon auf dem Festland, um da letzte Dinge wegen des Unterrichts zu klären. Und sie hat auch ein paar der restlichen Lehrer mitgenommen – die sollen ja auch erst mal auf dem Festland unterrichten.«

»Na toll«, seufzte Onea. »Alles umsonst.«

»Was war das vorhin eigentlich für ein seltsames Theater?«, hakte Ranja nach. »Und was heißt: alles umsonst?«

»Wir haben auf eigene Faust Lehrer gesucht, damit wir die Insel nicht verlassen müssen«, erklärte Onea.

»Ihr wieder!«, lachte Ranja. »Die Sauritius-Helden!«

»Von wegen!« Onea seufzte. »Das war eigentlich gut geplant aber ... gerade finde ich unsere Idee mehr als blöd.«

»Und ich erst«, stimmte Tom zu. »Sollen wir die Lehrer jetzt selbst einstellen oder was?«

»Wieso nicht?«, sagte Ranja. »Sie können doch einen Schnuppertag hier machen. Wie eine Art Praktikum. Und wenn die Direx morgen wieder da ist, macht sie es offiziell.«

»Wenn die zwei bis dahin noch nicht gefressen wurden«, fügte Onea hinzu.

»Berufsrisiko!« Ranja lachte.

»Hey, das ist mein Spruch!«, meckerte Tom, doch er grinste dabei. »Aber die Idee ist gar nicht so schlecht. Sie werden genauso begeistert sein wie wir alle, wenn sie erst mal mit allem vertraut sind. Und dann will keiner von beiden wieder weg.«

»So sicher bin ich mir da nicht«, sagte Onea, als sie zurück zum Konferenzraum liefen. Ranja war mitgekommen, denn die neuen Lehrer wollte sie sich auf keinen Fall entgehen lassen.

Doch die Tür des Raumes stand offen.

»Was hat das denn zu bedeuten?«

Ein Blick in den Raum reichte, um festzustellen, dass er leer war.

Tom und Onea hatten den gleichen Gedanken. »Hoffentlich ist Freddy nicht mit ihnen in der Dino-Schlucht!«

Ranja sah die beiden an. »Das glaubt ihr doch nicht im Ernst, oder?«

Onea schloss die Augen. »Ich bin jetzt mal Freddy, also wo würde ich hingehen ...?«

Tom lachte. »Dafür musst du deine Augen nicht zumachen. Ist doch klar!«

Ranja nickte. Und Onea wusste, worauf sie hinauswollten.

»Ab in die Kantine!«

Und natürlich behielten sie recht. Friedlich lachend saß Freddy mit den Lehrern in der Kantine, jeder ein Stück Kuchen vor sich. Die Mittagszeit war vorbei und die Kantine entsprechend leer.

Dieses Katz-und-Maus-Spiel kostete Onea ganz schön Nerven.

Freddy hingegen schien total entspannt zu sein.

»Da seid ihr ja!«, rief er. »Wir haben euch etwas übrig gelassen!«

»Puh!« Onea atmete erleichtert aus.

»Wir dachten schon, ihr steckt sonstwo«, sagte Tom.

»Wieso sonstwo, wenn ich ein leckeres Stück Möhrenkuchen genießen kann?«

Freddy antwortete eben mit einer typischen Freddy-Antwort. Onea konnte es ihm nicht verübeln. Immerhin hatte er die beiden Besucher bei Laune gehalten.

»Also, ich finde es wunderbar hier«, sagte Ms. Littlebe. »Nur sehr still!«

»Das lässt sich ändern.« Tom grinste.

Ranja nickte. »Es gibt auf der Insel auch lautere Ecken!«

Freddy hielt Ms. Littlebe seine Hand hin, die sie lächelnd ergriff.

»Während ihr weg wart, haben wir uns besprochen. Ms. Littlebe möchte einen Versuch wagen und die Insel kennenlernen!«

Dann blickte er zu Mr. Appelbe hinüber. »Sie auch, oder?«

Der warf seiner Kollegin einen Blick zu. »In so netter Begleitung gerne!«

Freddy grinste bis über beide Ohren. »Dann wird es wohl jetzt Zeit für einen kleinen Spaziergang.«

Tom nickte ihnen zu. »Ich gehe zu Jack, wir treffen uns dann draußen.«

Onea wusste, dass sie versuchen würden, ein paar harmlose Pflanzenfresser zusammenzutreiben, um den Schock für die Lehrer erträglicher zu machen. Zumindest war das der Plan. Aber auf dieser Insel lief es nicht immer so wie geplant, das wussten alle. Nur die beiden neuen Lehrer nicht.

»Ranja ist auch Schülerin hier«, erklärte Onea. »Sie begleitet uns.«

»Wie schön«, freute sich Ms. Littlebe. »So viele tolle Kinder. Und alle so engagiert. Das findet man selten.«

»Hier gibt's einiges, was selten ist«, lachte Freddy und legte sich dann schnell die Hand auf den Mund.

»Los geht's.«

Um diese Tageszeit war die Schlucht oft leer, die meisten Dinos kamen erst zur Abenddämmerung wieder. Tom hatte Jack tatsächlich um Hilfe gebeten, und dieser fand ihren Plan bedenklich.

»Ich habe euch am Strand gerne geholfen, Tom. Aber findest du nicht, dass ihr den Lehrern langsam die Wahrheit sagen müsst?«

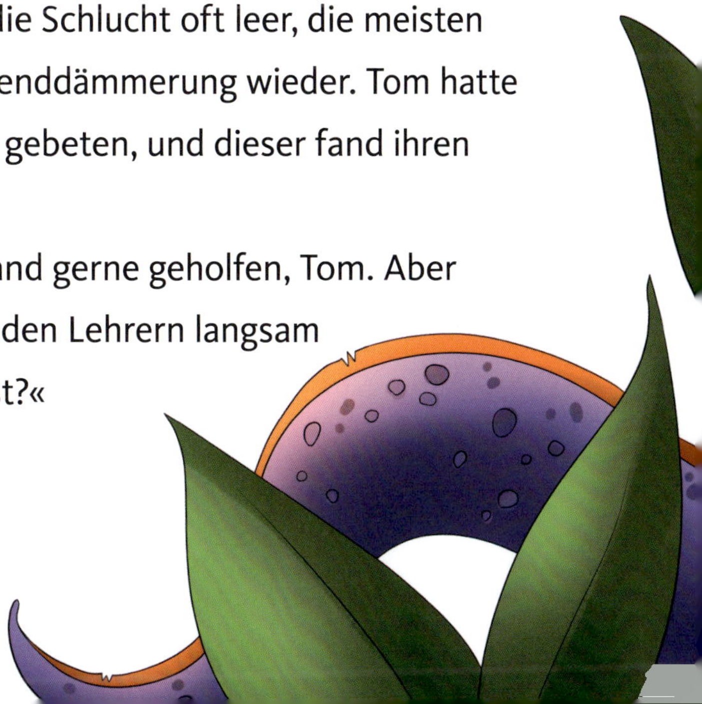

»Machen wir doch, aber dazu brauchen wir deine Hilfe. Ein paar Entenschnäbel werden sie bestens auf alles andere vorbereiten.«

»Salami-Taktik, also, ja?« Jack lachte.

»Woher kennst du die denn?«, fragte Tom erstaunt.

»Die kennt doch jeder.«

Zusammen fuhren sie mit dem Pick-up in die Terra. Es war ein trockener Tag mit viel Sonne. Die Sicht war gut, und Jack hatte sein Fernrohr dabei.

»Hier, nimm du das«, sagte er. »Ich muss fahren.«

Es war für Tom immer noch besonders, mit seinem Vorbild in einem Auto zu sitzen. Er fühlte sich gleichermaßen stolz und aufgeregt. So wie Jack zu sein, hatte er sich immer gewünscht. Und nun arbeiteten sie immer häufiger Hand in Hand. Das war unglaublich cool.

»Da vorne sind welche!«, rief Tom.

»Okay, ich treibe sie in die Schlucht.« Jack wendete das Auto Richtung Herde.

»Sieht nach Jungtieren aus, noch besser«, sagte Tom. »Die sind so klein wie Haustiere.«

»Fast«, Jack nickte. »Aber für jemanden, der T-Rexe gewohnt ist, ist das wohl so.«

Tom grinste. Auch Jack war bewusst, dass Tom einmal in seine Fußstapfen treten würde. Und er schien das gut zu finden.

Die Herde bewegte sich nun langsam Richtung Schlucht.

»Gut so«, sagte Jack. Sie folgten den Tieren mit dem Wagen. Doch plötzlich tauchte ein ausgewachsener Allosaurus wie aus dem Nichts auf, der der Herde folgte. Aufgescheucht begannen die Entenschnäbel, schneller zu laufen – doch auch der Allosaurus legte an Tempo zu.

»Oh no!«, rief Tom. «Zehn Meter, Fleischfresser.«

Der Allosaurus war dem T-Rex optisch sehr ähnlich, nur dass er zwei kleine Hornfortsätze auf dem Kopf trug. Er war nicht ganz so angriffslustig wie Tyron, aber immer noch sehr gefährlich.

Auch Jacks Miene verdunkelte sich. »Das hat uns gerade noch gefehlt!«

Doch es war zu spät. Der Eingang der Schlucht lag nun unmittelbar vor ihnen, und Jack konnte die Herde nicht mehr überholen, um sie aufzuhalten.

»Sie laufen rein!«

»Und der Fleischfresser mittendrin!«

»Das ist wie eine Falle!«

»Wir müssen was tun!«

Toms Gedanken überschlugen sich. Wenn wegen ihnen jetzt eine Herde Entenschnäbel in der Schlucht gefressen wurde! Zwar gehörte das Fressen und Gefressenwerden auf dieser Insel dazu, aber die Menschen griffen nicht künstlich ein und veränderten das Gleichgewicht. In der Schlucht waren die Enten gefangen und konnten nicht flüchten.

Als der Wagen in die Schlucht bog, winkten Freddy, Onea und Ranja schon. Die beiden Lehrer standen wie angewurzelt neben ihnen mit dem Rücken zur Felswand.

»Achtung!«, brüllte Jack, »da ist ein Allosaurus in der Herde!«

Jetzt schienen es auch die anderen zu sehen.

»Aaaaaah!«, schrie irgendjemand.

Jack sprang aus dem Wagen, Tom folgte ihm. »Los, wir müssen zu ihm!«

Tom wusste nicht, was Jack vorhatte, aber er zögerte keinen Moment. Er vertraute Jack genau wie Onea und Freddy.

Jetzt ging es um Sekunden. Der Allosaurus brüllte zum Angriff.

»Roooaaar!«

Dann setzte er zur Verfolgung auf einen mittelgroßen Entenschnabel an, der im Zickzack von der Herde wegrannte.

»Er trennt ihn von der Herde!«, rief Jack. »Gleich beißt er zu!«

Im Augenwinkel konnte Tom die entsetzten Gesichter der Lehrer sehen, die mit aufgerissenen Mündern und Händen an den Wangen am Felsrand standen.

»Wir rennen bis zum Felsen da vorne!«, rief Jack.

Tom ahnte, was Jack vorhatte. Und er hatte selbst auch eine Idee. Er winkte Onea, Freddy und Ranja zu sich.

»Kommt her!«

Das Vertrauen, das unter den Freunden herrschte, war das Größte, was Tom je erlebt hatte. Sooft sie einander auch ärgerten – wenn es darauf ankam, konnten sie sich auf Leben und Tod aufeinander verlassen.

Jack kletterte inzwischen blitzschnell und wendig an dem Felsen empor, an dem der Allosaurus gerade in seiner Jagd auf den Entenschnabel vorbeilief.

Ohne zu zögern stellten sich die Kinder dem gewaltigen Tier in einer Kette Hand in Hand in den Weg. Tom spürte, wie fest Freddy seine Hand drückte. Sie war schweißnass. Freddy kniff die Augen zusammen, während Onea den Dinosaurier direkt ansah. Ranja stellte sich zum ersten Mal in ihrem Leben einem Fleischfresser in den Weg, und das mit voller Absicht. Aber auch sie wusste, was jetzt wichtig war. Der Allosaurus legte eine Vollbremsung hin. In dem Moment sprang Jack vom Felsen direkt auf den Rücken des Sauriers. Dem schien das gar nicht zu gefallen, denn er brüllte so laut, dass es von den Wänden der Schlucht hallte.

»Rooooooaaar!«

Jack hatte Tyron geritten und galt als der beste Dino-Reiter der Insel. Ein Allosaurus war fast genauso groß und schwer wie ein T-Rex. Und genauso wütend konnte er auch werden. Unter zornigem Gebrüll bäumte sich der Allosaurus auf, als versuchte er, den Eindringling von seinem Rücken zu schütteln. Doch Jack hielt sich auf dem Tier und begann nun, ihn mit den Schenkeln zu treiben.

Zur Verwunderung der Kinder reagierte der Dinosaurier darauf und drehte ab. Er brüllte noch einmal zornig auf, dann wurde er langsamer.

Der Entenschnabel reihte sich wieder in seine Herde ein – und Jack lenkte den Allosaurus aus der Schlucht.

Keiner wusste, was nun mit Jack passieren würde. Aber alle vertrauten darauf, dass er es schaffen würde – so wie immer.

Als Onea, Ranja, Freddy und Tom wieder vor den Lehrern standen, wussten sie nicht so genau, was sie sagen sollten. Ms. Littlebe war kreidebleich und nass geschwitzt, sie schien kaum noch zu atmen, während ihr Kollege Mr. Appelbe neben ihr laut keuchte.

»Ich glaube, ich bekomme keine Luft!«

»Was sollen wir sagen?«, fragte Onea, der zum ersten Mal die passenden Worte fehlten, und sah ihre Freunde ratlos an. »Das war so nicht geplant.«

Es war Freddy, der die richtigen Worte fand: »Das war ganz schön spannend für einen ersten Tag!«

KAPITEL 10

GEFAHREN FÜR FORTGESCHRITTENE

So ganz sicher waren die Kinder sich nicht mehr, ob die Salami-Taktik das Richtige gewesen war.

So oder so ging es jetzt darum, die beiden Lehrer wieder zu beruhigen.

»Wir haben auch ganz friedliche Tage hier«, sagte Tom. »Gefressen wird auch meistens keiner, den wir kennen.«

Onea verdrehte die Augen. »Das hilft jetzt natürlich sehr.«

»Oh«, machte Ms. Littlebe, in deren Gesicht langsam wieder Farbe zurückkehrte. »Ich meine, mit einem Kollegen wie Mr. Appelbe an meiner Seite ...«

Sie blinzelte ihn an.

Doch ihr Kollege zitterte noch immer wie Espenlaub. »Nein, also, das kann ich mir ganz und gar nicht vorstellen. Ich reise ab. So schnell wie möglich.«

Onea, Tom und Freddy sahen enttäuscht aus. All die Mühe war umsonst gewesen. Eine neue Lehrerin reichte sicher nicht, damit sie alle auf Sauritius bleiben konnten.

»Das war alles aus einer Notsituation heraus«, erklärte Freddy. »Wir haben zu wenig Lehrer und müssen sonst aufs Festland in ein Internat, in das wir aber nicht wollen. Wir leben hier, das ist unser Zuhause. Wir fühlen uns für unsere Dinos verantwortlich. Sie sind unsere Freunde geworden.«

Inzwischen waren auch Appi, Kalle und Finn in der Schlucht eingetroffen. Die Gefährten der Kinder hatten eine längere Zeit ohne Onea, Tom und Freddy auskommen müssen, denn die Mission ging vor.

Die Wiedersehensfreude war nun entsprechend groß.

Kalle schnaufte laut, und Freddy fiel ihm direkt um den Hals. Tom klatschte in die Hände, und Finn flog von einem Ast hinunter zu ihm. Onea hielt Appi ihre Hand hin, an der die Langhalsdame sanft schnupperte.

Die neuen Lehrer beobachteten alles wie erstarrt und aus sicherem Abstand. Vor allem Mr. Appelbe war nach wie vor kreidebleich.

»Wir hätten es uns wirklich anders gewünscht«, sagte Onea entschuldigend. »Aber es musste so schnell gehen!«

Freddy streichelte Kalles Nase und hielt ihm einen Snack in Form einer kleinen Melone hin, die er aus seiner Jackentasche hervorkramte. Der Dino verspeiste sie sofort genüsslich.

»Notlage hin oder her«, sagte Mr. Appelbe. »Ich gehe.«

»Das verstehen wir natürlich«, sagte Onea. »Wir bringen Sie zum Steg.«

»Das will ich doch hoffen«, ereiferte sich Mr. Appelbe. »Nicht, dass ich auf dem Weg dorthin noch gefressen werde!«

Das wird ein stiller Weg zum Steg werden, dachte Onea.

Unterwegs hatte keiner von ihnen Lust zu reden. Alle waren in Gedanken mit ihrer Abreise beschäftigt. Und die Kinder wussten nicht, wann sie zurückkommen durften.

Am Steg angekommen, fuhr das bestellte Schnellboot bereits auf die Insel zu. In wenigen Minuten würden sie weg sein, und das Schicksal der Schule war vorerst besiegelt. Onea konnte ihre Traurigkeit nicht mehr verbergen, und auch Tom und Freddy sah man deutlich an, wie enttäuscht sie waren.

»Kommen Sie, werte Kollegin.« Mr. Appelbe hielt Ms. Littlebe seinen Arm hin, damit sie sich einhakte. Doch die schüttelte den Kopf.

»Ich verstehe, warum die Kinder so gehandelt haben«, sagte die kleine Frau mit der runden Nickelbrille und den Locken. »Mir ging es in der Schulzeit mal ganz genauso. Also, ohne die Dinos natürlich. Ich musste meine geliebte Dorfschule verlassen, weil sie geschlossen wurde, und bin nie darüber hinweggekommen. Ich finde es toll, wie ihr für eure Schule kämpft.« Sie sah aufmunternd in die Runde. »Ich bleibe.«

Die Kinder blickten sie erstaunt an. Dass gerade Ms. Littlebe bleiben wollte, war wohl die größte Überraschung überhaupt.

»Das ist ja ganz fantastisch!« Freddy hüpfte auf und ab. »Toll!«

»Das stimmt«, sagte Onea. »Wir sind wirklich dankbar, dass Sie bleiben wollen. Aber leider hilft uns das nicht so richtig aus der Patsche. Ein neuer Lehrer ist zu wenig, wir brauchen mindestens zwei, eigentlich sogar drei. Deswegen ist es besser, wenn Sie mit Mr. Appelbe mitfahren. Ohne zusätzliche Lehrer kein Unterricht auf Sauritius. Vielleicht müssen wir uns einfach damit abfinden, dass es diesmal nicht geklappt hat, und aufgeben.«

Das Boot legte gerade an, außer dem Bootsführer befand sich noch ein weiterer Mann darauf. Er war groß gewachsen, wirkte sportlich und trug sein Haar lang, mit einem Stirnband.

»Wer hat hier was von aufgeben gesagt?«

Die Kinder drehten sich um. »Ist das nicht Mr. Man?«, flüsterte Freddy. »Der mit den Waranen?«

Onea nickte. »Ja! Er hat sich aber doch nie zurückgemeldet ...«

Mr. Man sprang vom Boot auf den Steg, noch bevor es richtig angelegt hatte. »Ich habe gehört, hier wird ein Lehrer gesucht?«

»Wir dachten, Sie seien nicht interessiert, weil Sie nicht geantwortet haben«, erklärte Onea.

»Ich musste erst mal diese verrückte E-Mail-Adresse verifizieren«, sagte Mr. Man lachend. »Glaubt ja keiner, dass die E-Mail-Anschrift einer Schule ›Kotzlarotz‹ lautet!«

Onea sah Freddy an. Der hob nur die Schultern.

»Aber dann dachte ich mir: Klingt stark! Und nach Abwechslung!«

Mr. Appelbe schüttelte den Kopf. »Nur wenn Sie lebensmüde sind! Das ist eine verrückte Insel voll von lebensgefährlichen Monstern!«

Die Kinder blickten Mr. Man entschuldigend an.

»Schluss mit der Salami-Taktik«, entschied Tom. »Ja, es stimmt. Hier leben die letzten Dinos der Welt, das ist alles streng geheim. Und wir haben die

Aufgabe, sie zu schützen. Leider fehlen uns ein paar Lehrer, um die Schule am Laufen zu halten.«

»Aber nicht, weil sie gefressen wurden«, schob Freddy noch schnell hinterher.

»Ha!«, machte Mr. Man. »Klingt genau richtig in meinen Ohren. Wann kann ich anfangen?«

Tom, Onea und Freddy sahen sich erstaunt an.

»Echt?«

Tom überlegte. Er hielt es für besser, jetzt mehr als nur ehrlich zu sein. »Das hier sind Gefahren für Fortgeschrittene.«

Mr. Man nickte. »Das hört sich ganz nach mir an. Und nach einem echten Abenteuer!«

Ms. Littlebe strahlte bis über beide Ohren. »Oh, was für ein netter Kollege!«

Mr. Appelbe schüttelte nur den Kopf. »Tz!«

Die Kinder waren sich einig: Sie würden so schnell wie möglich die Direx über diese Glückslage informieren.

Am nächsten Tag, nachdem Direktorin Dr. Wissler wieder auf der Insel angekommen war, war schon alles anders: Die Entscheidung, dass die Kinder Sauritius verlassen sollten, wurde offiziell zurückgenommen. Mal wieder hatte das Dreier-Team es geschafft.

Ms. Littlebe hatte sich bereits mit der Insel vertraut gemacht und entschieden, erst mal nur innerhalb der Schule zu unterrichten.

»Theorie liegt mir mehr«, erklärte sie lächelnd.

Mr. Man hingegen wollte unbedingt den Außenunterricht übernehmen und auch das Dino-Reiten lernen – Jack hatte sich sofort bereit erklärt, es ihm beizubringen. Von Mr. Appelbe hatte keiner mehr etwas gehört.

Tom, Onea und Freddy waren zur Feier des Tages in die Eisdiele gegangen, denn da galt es ja noch, eine Wette einzulösen.

»Oh, Flatrate-Eis für mich!«, lachte Tom.

Onea lachte ebenfalls. Dass ausgerechnet Freddy eine Eis-Wette verloren hatte, würde ihn ganz schön wurmen.

Und sie hatte recht: Freddy verzog sein Gesicht. Aber dann winkte er ab.

»Ach, was soll's! Ich geb eine Runde Spaghettieis mit

Sahne und Streuseln aus, zur Feier des Tages und wegen der Schul-Rettung!«

»Von wegen: Littlebe-Appelbe, hm?«, scherzte Tom.

Freddy grinste. »Hätte ja auch beinahe geklappt, wenn eben, na ja ...«

»Wenn die Dinos nicht wären«, beendete Onea seinen Satz.

»Aber ohne die Dinos wäre es auch nur halb so spannend hier!«

»Ohne die Dinos wäre es nicht Sauritius«, sagte Tom, und alle nickten.

Die besten Sprüche von Sauritius

Dinobabys sind süß? Lieber aufpassen, sonst ist – zick, zack – der Zeh ab!

(Freddy)

Das Festland ist vielleicht monsterlos, aber lange nicht so spannend wie Sauritius.

(Onea)

Eis macht alles besser!

(Freddy)

Wer vor Dinos Angst hat, passt zu Sauritius wie ein Dino in den Streichelzoo!

(Tom)

Auch T-Rex-Reiter haben Wäschedienst!

(Onea)

Nachdem man beinahe gegessen wurde,
schmeckt ein Stück Kuchen gleich doppelt so gut!

(Freddy)

Wer zieht wilde Monster, Flugungeheuer,
Gefressenwerden und Lebensgefahr denn
einem Eis in Ruhe vor? Wir!

(Tom und Onea)

Ich will nicht unbeaufsichtigt gefressen werden.

(Freddy)

Auf Sauritius macht das Abenteuer Überstunden.

(Freddy)

Was willst du denn mal unterrichten –
Schokokekswissenschaften?

(Tom zu Freddy)

LESEPROBE BAND 7

VORSICHT, KLEIN UND BISSIG!

»Ach, du Schreck!«

»Das kannst du laut sagen!«

»Oh wie, oh wei – nicht nur ein Ei!«

»Also, Reimen ist jetzt wohl nicht angesagt«, rügte Onea Freddy.

Den drei Kindern bot sich ein ungewöhnliches Bild: Einerseits waren da die drei Dinos, die unbeweglich aufeinanderlagen. Und direkt daneben je ein Nest, mit einem riesigen Dinoei darin.

Leseprobe aus »Die Dinoschule – Vorsicht, klein und bissig!«

»Deswegen!«, sagte Tom. »Deswegen der Kampf!«

»Zwei Nester ...«, grübelte Onea. »Warum dann der dritte Dino?«

»Darum!«, rief Freddy. Er stand hinter einer weiteren, etwas kleineren Düne.

Sofort liefen Tom und Onea zu ihm. Vor ihnen lag ein drittes Nest mit wieder nur einem Ei darin.

»O Mann«, sagte Tom. »Drei verendete Dinos und drei Eier.«

»Und was heißt das jetzt?«, sagte Freddy.

»Ganz klar«, beschloss Onea. »Das heißt, wir nehmen die Eier mit. Wenn wir sie hier unbeaufsichtigt lassen, sterben die Dinobabys. Wenn sie überhaupt die Chance haben, zu schlüpfen. Es gibt genug kleinere Dinos, die rohe Eier lieben!«

»Stimmt«, sagte Tom. »Und versorgen wird sie hier auch keiner mehr, falls sie nicht gefressen werden. Die Tatsache, dass nur ein Ei in jedem Nest liegt, zeigt, dass sehr wahrscheinlich schon Eier gefressen wurden. Du hast recht. Mitnehmen ist die einzige Möglichkeit.«

»Wir sollen uns den Feind also selbst ins Haus holen?«, fragte Freddy aufgebracht. »Spinnt ihr?«

»Es sind EIER«, sagte Onea. »Seit wann muss man Angst vor Eiern haben?«

»Es sind EIER von FLEISCHFRESSERN!«, verbesserte Freddy sie. »Die schlüpfen und zu bösartigen Monstern werden.« Er zeigte auf die drei toten Dinos. »Oder wie nennst du das?«

»Das nenne ich Mutterinstinkt«, sagte Onea. »Und die drei Babys können nichts dafür. So ist die Natur nun mal. Grausam. Aber die Babys hierzulassen, ist noch viel grausamer. Wir bringen sie erst mal zu Doc Ponti. Der weiß bestimmt, was zu tun ist. Immerhin leitet er auch den Eier-Umdreh-Dienst!«

Das stimmte. Freddy hatte sich dafür anfangs auf der Insel immer gerne eingetragen, um den Ausritten mit den Dinos im Außengelände zu entgehen. Unter den Wärmelampen im Labor befanden sich einige besondere Dinoarten, die ihr Lehrer beaufsichtigte.

»Aber die Eier sind zu schwer!«

Die Eier waren alle ähnlich groß und reichten den Kindern bis zur Hüfte.

»Das sind ungefähr achtzig, neunzig Zentimeter«, sagte Onea. »Die wiegen locker fünf bis zehn Kilo.«

Tom hockte sich vor das erste Nest und begann, das riesige Ei hochzuheben.

»Uuuaaaaaah!«, machte er, bewegte es aber nur ein Stück nach oben.

»Angeber«, sagte Onea unbeeindruckt.

»Du hast recht«, musste Tom zugeben. »Sie sind zu schwer. Ich hole mit Finn unsere Dinos. Wir reiten mit den Eiern zurück.«

»Denk an große Leinendecken«, rief Onea ihm hinterher. »Darin können wir sie einwickeln und Appi umhängen.«

»Geht klar!« Tom verschwand hinter der Düne.

»Super«, klagte Freddy. »Ein Haufen toter Dinos, Eier von Fleischfressern, die wir mit nach Hause holen, und der einzige T-Rex-Reiter weit und breit haut ab.«

»Ich bin doch da«, sagte Onea. »Ich beschütze dich.«

Freddy seufzte schwer. »Das Ganze hier sieht schon wieder verdächtig nach Ärger aus. Aber diesmal nach einem, den wir uns selber einbrocken.«

»Ach«, Onea zuckte die Achseln, »wie soll man auf so einer Insel Ärger denn aus dem Weg gehen? Nicht mal beim Baden hast du deine Ruhe. Hier ist eben alles anders.«

Freddy wusste, worauf Onea anspielte. Gleich nach ihrer

Ankunft auf der Insel hatten sie es mit einem riesigen Meeresmonster zu tun gehabt, das sie aus der Tiefe des Ozeans überrascht hatte.

»Ich weiß«, sagte Freddy, »hier ist man nirgendwo sicher.«

»Siehst du.« Onea nickte. »Deswegen ist das mit den Eiern jetzt auch egal.«

FORSCHER-
CAMP